U0369114

华章经管

HZBOOKS | Economics Finance Business & Management

触 达

定位2.0的制胜之道

[美] 安迪·坎宁安（Andy Cunningham）著　林祝君 冯学东 译

get
to
aha！

Discover
Your
Positioning
DNA and
Dominate
Your
Competition

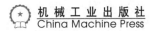
机械工业出版社
China Machine Press

图书在版编目（CIP）数据

触达：定位 2.0 的制胜之道 /（美）安迪·坎宁安（Andy Cunningham）著；林祝君，冯学东译 . —北京：机械工业出版社，2019.1

书名原文：get to aha!: Discover Your Positioning DNA and Dominate Your Competition

ISBN 978-7-111-61427-2

I. 触… II. ①安… ②林… ③冯… III. 企业经营管理 IV. F272.3

中国版本图书馆 CIP 数据核字（2018）第 261826 号

本书版权登记号：图字 01-2018-4807

触达：定位 2.0 的制胜之道

出版发行：机械工业出版社（北京市西城区百万庄大街 22 号　邮政编码：100037）

责任编辑：杜若佳　袁　银　　　　　　　　　　责任校对：李秋荣

印　　刷：北京市兆成印刷有限责任公司　　　　版　　次：2019 年 1 月第 1 版第 1 次印刷

开　　本：170mm×242mm　1/16　　　　　　印　　张：15.25

书　　号：ISBN 978-7-111-61427-2　　　　　　定　　价：49.00 元

凡购本书，如有缺页、倒页、脱页，由本社发行部调换

客服热线：（010）68995261　88361066　　　　投稿热线：（010）88379007

购书热线：（010）68326294　88379649　68995259　　读者信箱：hzjg@hzbook.com

版权所有·侵权必究

封底无防伪标均为盗版

本书法律顾问：北京大成律师事务所　韩光 / 邹晓东

献给逝去的父母

对其而言，写作是最高尚的追求

而图书出版则是追寻圣杯般的梦想

赞 誉

安迪·坎宁安花费多年时间，与伟大的硅谷技术巨头合作，学习如何进行市场创新。在她平易近人的著作《触达：定位2.0的制胜之道》之中，她拉开幕布，揭示了成功的秘密。

——阿斯彭研究所主席、首席执行官

《纽约时报》畅销书《史蒂夫·乔布斯传》和《创新者》作者

沃尔特·艾萨克森

安迪·坎宁安提出了一种全新的公司定位方法，该方法基于其极富洞察力的公司DNA理念：一种能够揭示卓越营销战略精髓的内部代码。

——硅谷早期的营销大师

雷吉斯·麦肯纳

在《触达：定位2.0的制胜之道》一书中，公关传奇人物安迪·坎宁安分享了她为硅谷带来创新的秘密。所有这些都与定位有关。

——硅谷持续创业者，精益创业运动之父

畅销书《创业者手册》[⊖]作者

史蒂夫·布兰克

⊖ 本书中文版已由机械工业出版社出版。

颠覆性的产品需要颠覆性的定位，安迪·坎宁安的《触达：定位2.0 的制胜之道》是阐释如何实现颠覆性定位的最佳著作。

——奈飞公司联合创始人、首席执行官

里德·哈斯廷斯

品牌涉及的是你对自己的评论，定位涉及的是他人对你的评论。安迪·坎宁安明白二者的差异，她向读者展示了在数字时代如何实现切实可行的市场传播。

——畅销书《跨越鸿沟》[⊖]作者

杰弗里·摩尔

别动！在启动品牌项目之前，先读一读安迪·坎宁安的这本书吧。首先要弄清楚公司的 DNA 究竟是母亲型、工程师型还是传教士型。这一观点确实是一个革命性的创意，这本书写得极为出色，很令人信服。

——畅销书《定位》[⊖]作者

艾·里斯

一位卓越的营销精英，阐释了如何通过讲述事实来获得竞争优势。在互联网时代，事物的本质胜过光鲜的形式。

——Mohr Davidow 风险投资公司联合创始人

比尔·戴维德

头脑中本着公司 DNA 进行定位，会带来更好的营销效果。在《触达：定位 2.0 的制胜之道》一书中，安迪·坎宁安表明，当你知道自己的基因是什么之后，你就能成为一个更好的自己。

——IDEO 公司创始人、主席和管理合伙人

畅销书《创新自信力》作者

戴维·凯利

⊖ ⊜　本书中文版已由机械工业出版社出版。

安迪·坎宁安是一个天才。很久以前，她帮助发布了麦金塔电脑并帮助它成长为今天的奇迹。在此期间，她掌握了定位的所有要义。但时至今日，她所做的远远超出了这些；她阐明了你的产品和服务怎样才能取得这样的成功。

——HICCup 创始人、*Release 2.1* 作者

埃丝特·戴森

那里嘈杂一片。安迪·坎宁安为营销领域提出了一个完美的瓦特生 - 克里克 DNA 模型，可以帮助你界定公司的 DNA。如果你定位了公司的 DNA，结果自然会到来。

——《华尔街日报》技术专栏作家、《玩转金钱》和 *Eat People* 作者

安迪·凯斯勒

在技术行业的许多关键转折之处，安迪·坎宁安都亲身经历并成功参与其中。任何一个当代的品牌经理，都应该把《触达：定位 2.0 的制胜之道》当作其继续学习的核心书籍。

——阿尔索普路易合伙公司合伙人、技术专家

斯图尔特·阿尔索普

安迪·坎宁安在《触达：定位 2.0 的制胜之道》一书中分享了她在硅谷的多年经验，从麦金塔电脑开始，她发布了一个又一个创新产品。她抓住了数字时代的营销本质——战略定位。

——社会科学家、《想一想工作》作者

里奇·莫兰

《触达：定位 2.0 的制胜之道》就如安迪·坎宁安一样睿智而理性。在过去的 30 多年中，媒体都知道，坎宁安是一个富有常识、随时能够给出直接回答的人，是一个知道如何才能不浪费他人时间的人。这本书探讨的就是一系列至关重要的深刻洞察——公司欲要获得清晰的自我认知，达到预期结果，需要了解哪些核心内容。所有这些都与深深内嵌于公司的 DNA 密切相关。

——技术记者、《术士们熬夜的地方》合著者

凯蒂·哈芙纳

GET/
/TO
/AHA

推荐序

　　我和安迪是在为史蒂夫·乔布斯进行麦金塔电脑发布工作时相识的。当时，她负责领导雷吉斯·麦肯纳公司的工作。雷吉斯·麦肯纳公司是苹果公司的公关公司。我是一名软件布道师，负责向开发人员发布好消息。我的工作是销售梦想，而安迪的工作是让梦想可信。

　　随后，安迪开始通过一种名为"DNA定位"的非同凡响的方法来让企业家取得更大的成功。从本质上讲，她假定世界上只有三种类型的公司：母亲型、工程师型和传教士型。当你搞清楚公司所属的DNA类型之后，就能更好地做出通向成功的定位。

　　我强烈推荐阅读这本书，理解安迪的理论框架，为你所在的公司实现世界范围的发展做好准备。安迪确实是引发苹果公司成功的人士之一，因此，她能够帮助你的公司成为第二个苹果公司！

　　　　　　　　　　　　——盖伊·川崎，Canva首席布道官

　　　　　　梅赛德斯–奔驰品牌大使，苹果公司前首席布道官

译者序

我们都知道，随着全球经济的到来和科学技术的日新月异，企业间的竞争越来越激烈，如何让企业拥有自己的竞争优势、保持可持续发展，成为企业家及管理界共同研究的课题。企业要想保持强劲的发展势头，必须对外部环境和自身条件有着深刻而科学的认知，《触达：定位 2.0 的制胜之道》一书恰恰向我们提供了一种帮助企业剖析自我、认识自我、寻求发展的 DNA 检测方法。

本书作者安迪·坎宁安是美国坎宁安咨询公司的创始人，早年曾为苹果公司提供品牌及传播方面的服务，多年的咨询工作和长期为硅谷知名企业提供咨询服务的经历，让她形成了自己独到的企业品牌传播及定位的方法，创新性地提出了运用 DNA 检测手段为企业进行定位的框架模型。在多年的企业咨询服务中，她也运用这种方法帮助她所服务的企业取得了成功。在实战基础上写就的本书对企业界有着极佳的借鉴、指导意义和实战、实践价值。安迪在书中提出的许多观点会让企业家和管理界人士耳目一新，启发他们运用新的方法重新检测企业的优势、劣势和特征，寻找适合企业的创新与发展道路。

正如《孙子兵法》所说，"道、天、地、将、法"为兵家成败之五要素，以此"五事"去分析敌我，可以做到"知己知彼，百战不殆"。安迪·坎宁安的《触达：定位 2.0 的制胜之道》一书，从决定企业成败的 DNA 要素出发，探索企业的 DNA 类型，并根据自身的 DNA 特征，设计适合自己的定位之道。她认为，企业如同人一样，有着自己独特的 DNA 特点，个体 DNA 类型的不同决定了个体是否有产生某种疾病的可能性，是否有长寿的可能性。企业也是如此，DNA 不同，必然会影响企业的定位与未来的发展方向。如对于母亲型企业，以客户为本、提供贴心服务，可能是其制胜之道；工程师型企业注重产品层面的设计与创新，精益求精，打造产品，用产品说话，让产品赢得客户的青睐和认可；传教士型企业则需要依靠创新去引领市场。企业只有了解了自己是哪种 DNA 类型，才能"对症下药"，找到与自身 DNA 相匹配的定位和市场进入策略；同时，还可以运用 DNA 分析方法从更多、更新的角度去分析对手，挖掘对手的优势与特色，探索其发展策略，避免与竞争对手发生"杀敌一千，自损八百"的残酷竞争。

DNA 检测方法正是企业认知自我、认知他人的一剂良药，企业家、管理者不妨拿来一读，拓展自己对企业认知的思路，或者直接采取"拿来主义"，用书中列出的方法对自己所在的企业形成一个深刻而科学的剖析。本书也适合从事企业咨询的专业人士阅读，在书中方法的指导下，为自己所服务的企业提供科学、有效的定位方法，帮助它们找到与自身 DNA 相匹配的发展战略。本书还适合研究企业管理的教师阅读，全新的案例、创新的方法可以开拓理论研究工作者的思路。当然，所有对企业管理感兴趣的各行各业人士，都会开卷有益。

本书的完成是一个合作的结果。林祝君主持完成了第 1～4 章及第 13 章的翻译，冯学东主持完成了其余章节的翻译。林梓楠、冯加林、冯琪、赵晓静、王润玲、郝传燕利用假期及空余时间，参加了本书部分章节的翻译工作。隗立晴参与了作者简介的翻译工作。冯学东对全书进行了统稿，孙建安教授对全书进行了审阅。

翻译集中在春节假期完成，时间仓促，水平所囿，疏漏及不当之处敬请通过邮箱指正：carlinv@126.com。

林祝君

前 言

1983 年，我来到硅谷，为营销大师雷吉斯·麦肯纳工作，并帮助史蒂夫·乔布斯推出了最初的麦金塔电脑。他们都成了我的营销导师，深深地影响了我的营销观念的形成。当乔布斯离开苹果公司，建立 NeXT 软件公司并收购皮克斯的时候，我继续为他工作并创立了坎宁安咨询公司———一家国际认可的高科技公关公司，公司的客户都是那些早期界定硅谷未来发展方向的公司。我在很多新事物的研制创新中扮演了关键角色，其中包括电子游戏、个人电脑、桌面出版系统、数码影像、RISC 微处理器、软件即服务以及超轻飞机。作为一名在"明日之星"一线专注于市场营销、推广、定位和沟通工作的企业家，我有机会在硅谷这一新经济的温床领域中工作长达 30 年以上。我十分荣幸能够与一些科技公司里有远见卓识的领导者共事，在恰当的时间、恰当的地点，有机会以新的营销观点和确有实效的方法将本书列出的内容应用其中，为那些改变游戏规则的技术与公司开发营销、品牌及传播策略。

本书是关于市场定位的论著。本书不仅论及了简约、直白的传统定位，更是基于 DNA 的定位之作。基于公司的 DNA，我们可以把公司定义为以下三种类型：以客户为中心的母亲型、以产品为中心的工程师型和以理念为中心的传教士型。这些定位的核心基于影响他人观点并改变其行为的一种神圣追求，其目的是让公司售出更多产品。好消息是，现如今有很多技术与工具可以帮助营销人员实现这一追求。但是，这些现有的技术与工具仍显不足。只有准确理解所在公司的本质（理解所在公司的DNA）才能真正助你成功。清晰地认识公司的DNA类型，能够为实现公司高管及各个部门之间的协作提供重要信息支持。

了解公司的DNA，有助于为公司在市场上建立一种理性、可靠的定位。随后，就可以在公司品牌策划的情绪表达中对这一信息加以应用。以基于DNA的市场定位（本书主旨所在）为出发点，甚至在开始思考品牌策划之前，就可以在市场上获得影响他人观点并改变他人行为的可靠基石。

收益如何？公司将卖出更多的产品！

本书将为大家展示世界上全部三种公司模式，每种模式都有其独特的DNA。理解这些DNA并利用它们来帮助你，这是确立公司在市场中的定位并获得竞争优势的关键所在。这对取得营销工作的成功至关重要。由此，我开始理解为什么许多品牌战略活动未能取得成功。它们未能取得进展的最重要的原因便是：略过了市场定位所需的严苛要求（我称之为基于DNA的定位），直奔品牌策划而去。

营销机构为什么会这样做？品牌推广为机构提供了一个展示创意、赢得奖赏的机会。然而，无论品牌策划做得多么睿智，做出怎样的精心设计，通常而言，都不会探究到公司内在的深层本质，因而也就不会让公司获得竞争优势。事实上，尽管定位和品牌这两个术语常被交替使用，但我深信，这两个术语有本质的不同。

我提出的这种基于DNA的定位方法，将公司像人一样看待，为公司提供了一种在市场上表达其作用和价值的可靠方式，提供了一个全新而富有鼓动性的市场视角，这一视角有助于公司积聚实力、脱颖而出。当公司实施转向或转型策略时，该方法尤为有效。本书是艾·里斯和杰克·特劳特富有创意的《定位》①一书的后续之作——我极力推荐该书作为阅读本书前的必备之选（我乐意将本书称为《定位》2.0 版本）。尽管《定位》一书已经出版了将近 40 年，但依旧势头强劲。这也是第一本阐述如何在媒体泛滥的背景下让信息抵达精明客户心底的应对之作，书中勾勒了为潜在客户创造"定位"的革命性方法。

时至今日，成功既取决于公司的内在本质，也取决于公司的所作所为。如果领导误解公司的 DNA，或是无意中试图对公司的 DNA 加以改变，麻烦通常也就随之而来。困扰优步、美国联合航空以及百事的一系列危机，均是公司的 DNA 与管理层行为失调的极好例证。知悉公司的 DNA 并与之协调匹配，而非与之发生冲突，会铺平通向成功的道路。基于这一目的，我以公司的 DNA 的协调匹配为起点，提供了一个简约易行的框架模型。明晰公司的本质所在，有助于公司取得成功。

以真实公司为例，包括本书第二部分包含的六个案例研究，我推断公司的竞争优势并非通过经典的品牌活动才得以展示——而无论这样的品牌活动多么富有创意。竞争优势一定源自出色定位（对公司在市场中的作用及意义的表述）的营销工作。我提供了一个独到的基于公司的 DNA 的由内而外的框架，这一框架显示了公司（B2B 公司及 B2C 公司）如何将其定位和营销策略与公司的真实身份达成协调匹配。这种协调匹配的结果如何？它让营销策略找到了依据。

从本质上讲，在营销背景下界定公司的精准定位，应该作为一座连接公司经营战略和公司向外界展示面貌的桥梁。无视定位工作而一头扎进品牌策划之中，就像没打地基就盖房子一样。相反，公司必须首先进行定位，将经营战略与公司的 DNA 结合，然后再进行品牌策划，从而将战略带入公众视野。如果公司在市场中的定位错误，那么，任何品牌方面的努力，无论多么富有创意、多么睿智，都有可能

㊀　本书中文版已由机械工业出版社出版。

遭遇失败。

基于 DNA 的定位对技术型公司尤其重要。毕竟，此类公司在将其创新推向市场时，通常面临一些行业特定的障碍。对那些处于不断发展但又高度竞争的市场中的技术型公司来说，尤其是当其目标是赢得市场青睐、实现经营转向或进行公司转型时，界定公司的 DNA 以清晰地阐明其作用和意义是不得不做的要事。在许多技术型公司中，我数百次地应用过我的框架模型。实际上，多年来我发现了这样一个事实：技术导向的人员在接受和应用公司的 DNA 框架模型进行定位方面，要远比他们进行其所谓的经典的"黑盒子"创意流程更为容易。基于这一原因，本书在帮助技术型公司界定其市场竞争优势方面给予了特别关照（尽管这些原则和框架适用于任何行业、任何类型的公司）。时至今日，技术几乎越来越成为每个品牌不可或缺的一部分（从比萨外送到基于云的客户关系管理），任何一个将目标锁定在让公司进入行业前沿的人，都需要对这种定位的新方法予以关注。

当然，首当其冲的是首席执行官。不管什么组织、什么行业，这里的关键要素（同样地，在我的 DNA 方法及框架模型之中）都是协调匹配。无可争辩的是，协调匹配是领导者最大的挑战。数字设备公司（Digital Equipment Corporation）是研制出微型计算机的公司，也是 20世纪 80 年代后期计算机行业中的第二大公司，其联合创始人肯·奥尔森曾将公司描述为一艘战舰、一台强大的战争机器。然而他说，当所有工作做好之后，将战舰拖到水中，真实的情形是好像有 10 万艘独木舟进入水中那样，船桨搅在一起，全部船只向着不同的方向行驶。

首席执行官想从中得到什么呢？

此时，在整个高层管理者之间，协调匹配是至关重要的。对协调匹配的强调，是让管理团队开始运作，并将数万艘独木舟转化为一个引擎。当领导团队协调匹配，其一致同意的信息扩散到整个组织中时，公司就像一台充分润滑的机器一样运作起来。公司运作会像鱼游泳一样协调、同步，或者借用技术语言来说，公司运转就像激光一样——先前一道道微弱的光，会聚合成为一束强有力的能量之源。这种聚合的能量会给你一个麦金塔电脑背后那样强有力的团队。

无论对于何种行业，自上而下的协作都是经营战略成功的基石所在。如果你能够让划桨队员协调匹配，不再让船桨咚咚作响地搅在一起，你自然也就获得了力量。在营销领域，基于 DNA 的定位就是这种能够给予你聚合力量的工作。

GET/
/TO
/AHA

目　录

01

第一部分

定 位 原 则

GET/
/TO
/AHA

第1章

成功的营销始于成功的定位

作为公司，我们是谁？我们为什么会如此重要？

这两个简单的问题，或许正是当今公司领导面对的最重要的问题。问题简单，答案却不简单。要回答这两个问题，我们必须全面理解公司的核心是什么；对我们最关键的客户来说，公司的价值主张是什么；同竞争对手相比，我们的定位是什么；该以怎样激动人心的方式讲述公司故事。

如果你觉得解答"我们是谁""我们为什么会如此重要"这两个问题颇有难度的话，那么请放心，这并非你一个人的难题。大多数领导很难给出清晰的答案，更无法言简意赅地讲清楚这些问题。这很好理解：因为公司事务繁杂，有那么多的希望和梦想等待我们去开拓，有那么多的问题等待我们去解决，因此要分清主次、良莠颇有难度。这恰恰是定位如此重要的原因：定位可以帮助我们回答这些关键问题，它甚至可以帮助我们"到达啊哈"（get to aha）[⊖]的惊喜境界。

⊖ "aha"，感叹词，本文指的是发现公司基因或公司核心定位之所在时的惊喜感叹。作者以短语"get to aha""aha"命名其所提出的定位框架，本书遵从英文本义直译为"到达啊哈""啊哈"。——译者注

让我们先从定义入手，来看看什么是定位。1969 年，里斯和特劳特提出了定位这一概念（他们将这一战略性概念戏称为"坚如磐石"），他们给定位的定义是："定位不是你对产品要做的事，而是你对潜在客户要做的事。也就是说，你要在潜在客户的头脑里给产品定位。"

几十年过去了，这一定义依然有用。然而，随着时间的推移，我们已经掌握了获取产品、品牌或公司认知的"定位的方法"。除此之外，在数字化时代，我们也已经慢慢懂得，认知必须反映事物本质，而非引起欲望或提供诱饵。因为在今天的市场上有太多渠道可以了解事实真相，接触真实数据，所以公司根本不可能像 20 世纪 70 年代那样，单凭广告就能影响客户认知。

今天，人们对公司的认知都基于事实真相，因此，我们必须重新认识定位。我们在为公司定位时，要问这样两个问题：对产品、品牌和公司的认知是否反映了公司的 DNA？认知是否真实可靠？本书介绍了定位的方法，重新定义了定位的概念。定位就是对公司、产品或品牌的独特性、重要性的理性表达，也就是准确地表明你所在的公司是什么样的公司，它为什么如此重要。为了确保真实可靠，对定位的表述必须基于公司的 DNA。定位与品牌恰如一对孪生姐妹，共同发挥作用，只不过品牌更擅长情感表达，它通过标识（logo）、外观、感觉、色彩、语言、声音、顾客体验和设计等来表达公司的作用和价值。

品牌一词，在营销词典中确实早已被用烂。早在几千年前，品牌一词身份卑微，不过是打在牲口身上的烙印，其作用是帮助主人们区分这些牲口的不同归属。然而，时至今日，品牌已经演变成为可与麦迪逊大街活动相抗衡的复杂行为，内容涉及方方面面：从公司标识到网站设计，从客户承诺到产品体验等，不一而足。当今世界，品牌对许多人来说包含着太多的意义，但基于本书的表达需要，我们将其限定为一种通过独特的方式来激发客户的情感反应以彰显公司或产品特性的表达方式。

为此，没有什么能够像一句漂亮的品牌主张那样让公司变得非同凡响，如"Just Do It"（想做就做），"Tomorrow starts here"（明天从这里开始），"The Ultimate Driving Machine"（终极座驾）⊖。公司的品牌主张借助迷人的色彩、动感的设计和声音向外传播，触动我们内心的创作灵感，能够让我们对自己、公司和公司的产品产生深刻的印象与良好的感觉。

然而，当你将这些带有品牌主张的产品拿回家，打开包装开始使用时，有时会发现这些产品并不适合自己。这些产品尽管在展示时听起来不错，在广告叙事中看上去也很好，然而在现实面前，你发现这并不是你需要的东西。为什么？

阴阳是也。

这一出自中国古代的哲学概念揭示了这样一个事实：事物的整体大于它的两部分相加之和。因为事实上，是动态的二元相加创造了整体。发布广告活动、制作网站或直接制作品牌主张，抑或用其他方式来表达情感（品牌策划），这些活动所带来的问题是：品牌只是公司故事中的一半，或者说只是故事的情感部分，是相对于定位中逻辑的、实际的"阴"而形成的情感的"阳"这一部分。科幻影片《星际迷航》的粉丝可以将阴和阳看成是斯波克和柯克的关系。没有阴，就没有阳；没有柯克，就没有斯波克。同样的道理，在营销中，没有定位，就没有品牌。

那么，如何才能获得阴呢？我们可以通过实实在在的定位，即基于逻辑（斯波克）的而非情感（柯克）的方法来获得（见图 1-1）。

⊖　这三个广告语分别是耐克、思科和宝马的品牌主张。——译者注

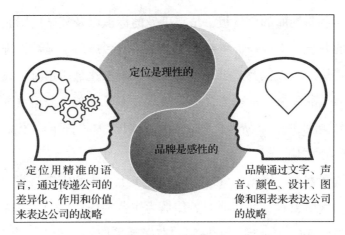

图 1-1　定位与品牌

　　问题是，许多营销机构和战略机构常常将定位与品牌混为一谈，而实际上定位与品牌并不是一回事。尽管这两个词常常可以互换，但两者的概念并不相同。定位实际上位于品牌的上游，也就是说，公司在创造品牌之前，必须先确定好其理想的定位。为什么要这样呢？因为在市场中确定公司的理想定位，可以让公司更好地理解自己是什么样的公司（也就是说其 NDA 是什么），以及自己为什么会如此重要（能为市场带来哪些其他公司没有的东西）。公司理想的定位并不是基于其所要创造的产品的认知，也不是基于其所要打造的品牌的认知。恰恰相反，品牌来源于定位，它是定位的情感表达方式。品牌是阳，定位是阴，当阴阳结合时，我们才会对公司有一个整体的认知，真正了解公司的本质，即我们是谁、我们要做什么，以及我们的主张是什么。

先画轮廓，再涂色彩

　　当公司在品牌项目上花费几千元、几万元甚至上百万元，到头来却在市场上摔了跟头，或者说从一开始就一无所获时，我们就会知道品牌机构的努力白费了。相反，当那些看上去精妙的品牌主张——字体精美、色彩艳丽的广告板，精巧可爱的标识以及复杂的图表，被堆在总裁的办公桌上，蒙上了厚厚的尘土，或者最后干脆被扔进了碎纸桶，最终从未被人提及，也几乎没有给人留下丝毫印象时，我们往往并不会知道品牌机构的努力已然失败。过不了多久，公司负责人或许还会再致电另外一家品牌机构，因为他们认为也许下一家品牌机构"能够帮助他们做好"。

在线调查猴子网站（SurveyMonkey）上，由坎宁安咨询公司（我经营的一家以营销、品牌战略、传播为主业的咨询公司）主持的一次非正式讨论揭露了这样一个事实：在接受采访的北美100个总裁中，认为在最近几年实施的品牌战略工作，能够取得些许成效的人不足1/3。换句话说，品牌战略工作是失败的。失败的主要原因是缺少战略认同，主要表现为：机构不愿意接受变革；不知道如何实施战略；战略中有太多相互对立的思想；品牌策划工作刚结束，公司战略马上又要进行变化与调整。我的一个同事非常认同上述评论，他告诉我："我们雇用了知名品牌公司，投入了大量的金钱，耗费了领导团队大量的工作时间来做品牌策划，我们得到的不过是些徒有其表、夸夸其谈的东西，这些东西对我们公司的任何领域都产生不了什么作用，甚至可以说一无是处。因为这些东西太轻描淡写了，我们的顾客根本不会接受。"

我总是听到这样的描述，各个公司都在做这些根本不起作用的品牌推广计划。究其原因，是当公司开始"重新定义品牌"或"更新"品牌时，首席市场官（CMO）喜欢以外观和感觉为起点开始工作。还有一种原因是那些标识、网站是品牌主要的物质化传播方式，而在今天的互联网经济时代，公司对于品牌物质化的表现形式更是趋之若鹜。此外，这种华而不实的"眼睛糖果"更容易被领导们看到和关注到。这些都是公司乐意从事品牌策划的原因。当然，从品牌的情感层面来说，它为大多数领导者提供了一种从未体验过的轻松和愉快的感觉，因为他们终于可以从日复一日的麻烦事中抽身出来，关注一下能够让人产生快感的品牌问题。因此，实施这样的品牌策划对每个人来说都是轻松、快乐且让人振奋的。

然而，若我们在研究定位之前便开始制定品牌策划，也就是说，当我们还不了解公司的DNA是什么，还不知道公司要去填补的市场空白是什么时，便开始做品牌策划，真的是有些操之过急了，可以称之为"没画轮廓先上色"。

举例来说，太平洋西北部有一家科技公司，因为无法在热闹喧嚣的B2B市场中实现差异化经营，找到我们寻求帮助。该公司领导团队希望我们公司能够为他们制作一个网站，通过网站信息的宣传实现差异化。我们在做项目时都是先从市场定位的审核开始的（如果客户公司还没有做好定位，则从定位开始做起），我们让管理团队去了解他们公司的发展状况，并且让他们根据公司的DNA提出定位方案。我们关注的是公司产品的主要差异点以及产品与目标市场的相关性。

他们的团队包括首席执行官，最初都对我们公司以及我们的工作流程持怀疑态度，但最终结果让他们欣喜若狂。他们看到，通过新的定位和清晰的公司差异化界定，对客户公司为什么会选择他们公司而不是竞争对手公司这个问题，他们提出了有力的论据。他们一致认为，唯一的问题来自一家品牌服务公司。这家品牌服务公司最近刚刚为他们设计了宣传标识，完成了网站制作，而这家品牌服务公司所做的这些工作与公司的DNA不相匹配，也就是说，他们制作的这些标识和网站根本不符合公司的个性特征。假如这家品牌服务公司在我们为客户完成公司定位之后再去介入品牌策划，那么这家品牌服务公司为客户设计的标识和网站很可能会与公司的DNA相匹配，也就能够更好地体现公司的品牌特征。

为什么会出现这样的问题呢？

　　因为大多数品牌策划公司在进行营销策划时是以品牌为营销工作的终点的，却忽视了公司的定位，而定位能够展示这家公司在市场中独一无二的特性及其竞争优势的核心所在。品牌策划公司关注品牌策划，是因为其核心技能是设计作品，而不是制定公司战略。当我们的客户聘请这家品牌服务公司进行品牌策划时，他们尽其所能地去查清所谓的本质，然后开始相关设计。但他们在设计过程中并没有植入公司的 DNA，也不了解公司的战略，当然也就不知道公司在市场中如此重要的真正原因。他们在考虑差异化这一问题时，只考虑了他们要创作的这个设计一定是与众不同的，他们提出的品牌主张一定是能够煽情的。这就是他们能为客户所做的全部内容，而这些工作本该是在公司完成定位之后才可以去做的。

按动情感按钮

　　表面上，我们很容易知道为什么那么多的咨询机构会跳过费时费力的定位工作，即使他们知道要从定位开始做起也不会去做。因为品牌策划是一件有趣的事情，它会让人们思维活跃，产生源源不断的创意。品牌策划是营销中的情感内核，它可以提供机会，传递最终的信息，而这些信息的目标就是要尽可能地触动更多的"情感"按钮。品牌是公司战略的情感表达，即通过文字、声音、颜色、设计、图像和图表来表达公司的战略。品牌策划包括方方面面的内容，从踏实可靠、接地气的 UPS 的褐色标识，到宝洁公司的商业宣传片"把他们扶起来"——片中描述了孩子们一次次跌倒，又一次次被扶起，直到在 2014 年索契冬奥会上获得了第一块奖牌，孩子们的成长历程始自（并且归功于）妈妈们对孩子们无私而深厚的爱，感人至深，让人流泪。即使品牌策划机构重视市场定位，也常常将定位与品牌主张混为一谈。尽管品牌主张也很伟大，它能够很好地传递出品牌的特色，如拉斯维加斯的品牌主张"在拉斯维加斯发生的事，留在拉斯维加斯"，很好地传递了拉斯维加斯的品牌特色。但这并不是定位，因为能够发挥重要作用的品牌主张必须根植于定位。事实上，好的品牌主张往往出自实实在在的定位，其效果简直像魔术一样神奇。但站在幕后偷眼观瞧你会发现，最难做的工作是分析公司的 DNA，并将 DNA 与公司的品牌主张有机地结合起来。例如，想想那句著名的拉斯维加斯的品牌主张，再看看这座城市的定位——"拉斯维加斯，曾被认为是放荡纵情的目的地，现在仍然是一个受欢迎的城市，在这里，你颓废的欲望可以得到满足"。我们可以看到，品牌主张其实就是定位说明最为煽情的表达形式，只不过定位说明更加理性、现实，而品牌主张则是情感的表达。

因此，品牌是公司情感的表达，定位则是对公司在市场中的作用和价值、现在和未来的发展前景更为直截了当的理性描述。同时，定位还对以下两个让人头疼的问题给出了非常重要的答案：第一，我们是谁；第二，我们为什么如此重要。

定位意味着牺牲

定位并非一定要将公司的长期计划或愿景目标公之于众，因为公司在准备迈向新一轮发展壮大之前，可能会隐瞒自己的长期计划和愿景目标。因此，定位在寻求差异化特征时，是需要做出很多牺牲的。当公司将新产品带入市场时，其真实想法也许就是生产一款满足所有人的所有需求的产品，虽然公司也许永远不愿意承认这一点，但它确实希望其所生产的产品能够解决所有问题。它会让你幸福，会改变你的生活。但当涉及定位时，你必须首先学会选择牺牲所有额外的东西，至少暂时牺牲一些东西。另外，你要知道你现在要重点关注的是什么，你最想让人们看到的是什么。我把定位比作冰山：冰山的最顶端是下一年或两年后公司的地位和关注重点，露在水面上的冰山部分就是近期能拥有的地位。露在水面上的部分就是你所关注的定位，但这并不意味着你放弃了其他方面的内容，只是你现在还没有准备将公司的全部面貌公之于众（见图1-2）。

图 1-2　定位意味着牺牲

　　亚马逊为我们提供了一个经典案例。1994 年，杰夫·贝佐斯在创建亚马逊之初就在想，这辈子不能只当一个小书商，他不希望自己的公司仅仅是一家在网上销售图书的书店。事实上，他早就有一个不单纯只做网上书店的计划了。1997 年，他在给股东们的一封信中写道："我们的目标是加快发展速度，巩固并拓展目前的地位，同时，我们还要不断寻求其他领域的网上商业机会。在我们准备进入的目标大市场中，我们看到了重大机遇。"然而，在亚马逊创办之初，贝佐斯并没有宣布公司的长期计划，因为在初创阶段，如果目标定得过高，会让人对公司产生怀疑而不愿意相信它。因为在当时的市场中，他还没有找到足够的证据来证明他有能力实现公司未来的发展愿景。鉴于这种情况，他先从自己目前能够拥有和掌控的业务做起，即先从网上售书开始。但是，当贝佐斯通过网上书店业务为公司创造了声誉之后，他便开始一点一点地增加公司的业务，调整公司未来的发展愿景。在这之后不久，随着公司的发展，他们不需要做过多的说明，亚马逊的战略目标就已经变得越来越清晰了。以前曾被公司隐藏在水面下的部分开始浮出水面，显露真容。当公司在各方面做好了准备后，他们可以随时向公众亮出他们的底牌。今天，亚马逊已经成为世界上第二大网络零售商（仅次于中国的阿里巴巴，因为阿里巴巴的客户基数比他们大很多），也为购物这一概念赋予了全新的意义。但贝佐斯在创办公司之初并没有说："我们要成为一家无所不售的网上商场，满足顾客所想要的一切需求。"他先是从能够轻松掌控的小市场入手，当公司做好了充分的准备后，便露出真面目，开始开疆拓土。

成功的定位还需要始于这样的理念：定位不是自我标榜。定位也不是自我陶醉。定位是简单而理智的，它精确地解释了以下问题：公司提供什么样的产品或服务？公司向谁提供产品或服务？公司的产品或服务为什么重要？公司的产品或服务是怎样实现与现有替代品的差异化区分的？

插上旗帜

一旦完成定位，我们就能够确切地描述公司的定位了。定位说明将着重强调我们的产品或服务为市场带来的价值是什么，也就是重点说明我们公司而不是别的公司能为客户带来哪些独特体验。从本质上讲，定位说明描述的是公司在这个世界中所处的位置，也就是表明公司要在哪个市场上插上旗帜，作为自己所占有的领域。尽管"插上旗帜"一词有一定的戏剧性色彩，并且会让人感到兴奋，但实际上，定位说明应该与设想的完全不一样。理想的定位说明一定是以事实为依据并且讲求逻辑性的，甚至可能还会有点儿枯燥乏味。（记住，目标在这里是 100% 的"阴"，即注重逻辑性和准确性。）定位说明是用精确的语言来表达公司的战略，以此来传递竞争的差异性是什么，告诉人们我们是什么样的公司，我们公司为什么如此重要。定位说明准确地指出了在下一年度或近期，公司在市场中的作用和价值，所强调的是在不久的将来，公司认为其能拥有的地位和优势。也就是说，定位强调的是只有你所在的公司才能宣称拥有（只有你所在的公司才能说）的东西。显然，你所在的公司只能满足某类人群的某类需求，而不能满足所有人的所有需求。

我们以红牛为例。我根本不知道红牛的定位说明说了些什么，我们只是假设如果公司有定位说明的话，那么我可以大胆地猜测，这个定位说明一定与"伟大的运动能量"这句话有些相似之处。这个定位说明一定没有用那种性感、刺激的语言来描述，看了也不会让人兴奋，尤其是与"红牛给你翅膀"这句宣传口号相比，更是平淡无奇。"红牛给你翅膀"这句口号是纯粹的"阳"，一定要传播一种娱乐性、冒险性和刺激性；与之相反，"伟大的运动能量"则很直白，它属于"阴"，这句话只是准确地告诉你红牛代表的是什么，只是说明它存在的理由和原因是什么。

然而，品牌策划机构往往忽略了定位说明当中的"为什么"，即忽略了公司存在的理由和原因是什么。即使这些品牌策划公司确实为客户做了定位说明，但往往并不是实际意义上的定位说明。我就遇到过这样一家公司：公司领导花了很多钱，找机构为公司制订了营销策划方案，而这些方案却从来没有被拿出来实施过，一直放在首席财务官的抽屉里。这家提供策划方案的机构为公司搞了这样一个定位说明："我们力求敏捷与灵活，为我们的顾客提供他们想要和需要的产品。"值得肯定的是，这是一个值得称赞的目标，却不是定位说明。在我写这本书的时候，另一个类似的定位说明引起了我的注意，"我们的目标是提供以顾客为导向的方案，在现在和未来，满足顾客的学习与成长需求"。这又是一个值得称赞的目标，但同样不是定位说明。

任何一个竞争对手，或者说不同行业的很多公司，都可以用这句话来表述。这样的定位说明既没有描述出差异性，也没有强调公司在市场中的作用和价值是什么。那么，上面这两句话都缺少什么呢？它们没有说明这两家公司是什么样的公司，以及公司为什么如此重要。"我们力求敏捷与灵活，为我们的顾客提供他们想要和需要的产品"，这也许很好地反映了公司的利益声明（benefit statement）或价值主张，但这并不是定位说明。模糊的定位说明往往源于领导者有这样的企图，那就是希望他们的公司能够成为满足所有人、所有需求的公司，而结果却往往是，这样的企图和想法让公司样样通、样样松，最终一事无成。要是做得正确的话，一旦找到定位说明，你就会知道你已经进入了令人惊喜的"啊哈"境界。

DNA 让你变得更好

那么，你所在的公司是什么样的公司呢？你是通过什么样的方式去了解你所在的公司的呢？现在，人们通过检测 DNA 的方式去了解自己是谁，是什么样的人，人们甚至还可以从 23andMe 这家提供个人 DNA 检测服务的公司拿到属于自己的 DNA 检测报告。这家位于硅谷的 DNA 检测公司注重客户体验，能够帮助你分析你的 DNA 情况，通过分析可以帮你了解以下内容：你的祖先、肤色、味觉、患有某些疾病的可能性、是否能够将舌头两边卷起来等。这家公司甚至还能检测你的味觉 DNA，通过味觉 DNA 检测，知道你是不是喜欢吃香菜，知道你是否也像 10%～20% 的人那样，觉得香菜吃起来与肥皂一个味道。

基于这样的了解，你可以确定一种与自己的 DNA 特点相匹配的生活方式，以战胜那些由自身 DNA 所引起的疾病。举例来说，如果你知道自己有易患心脏病的基因倾向，那么你就可以知道如何调节饮食，改进锻炼方式。再比如，某种基因符号代表某一种癌症，那么人们可以将这种基因符号作为警示，提醒自己定期进行常规检查，或者提前进行药物干预。了解自己的 DNA，可以让自己的生活过得更好。

人们可以通过 DNA 更好地了解自己，公司也一样，公司也可以通过 DNA 来更好地了解自己。公司也和人一样，是一个有机体，这个有机体可以反映其创始人、其所存在的生长环境、其所面临的困难，以及其所具备的优势。公司也拥有一个核心的指令系统，能够告知其如何行动，如何取得结果。简而言之，公司也有 DNA，当然，不是化学或生物意义上的 DNA，而是我所称的公司 DNA。

那么，DNA 对于如何定位一家公司并使其在市场上获得成功，究竟有着怎样的意义和作用呢？当你在表达情绪之前，我敢说你一定对自己的理智和理性方面有所了解。就像一个人的个性是由理性和感性两部分组成的一样，公司也是受理智和情感两类因素驱使的。

让竞争优势最大化的关键就是准确地定位公司的 DNA，并且好好地利用它。也就是说，要确定公司在市场中的位置，这样公司才有可能获得成功。公司的定位，在公司的商业战略及其最终希望呈现给公众的形象之间发挥着桥梁的作用。定位是公司整体商业战略的重要环节，因为它通过反映公司文化（由首席执行官创造的）与顾客建立联系。也就是说，一旦公司的战略规划完成后，定位就是你所做的任何事情的关键。定位处于你所做的任何一项决定的中心，从开始进入市场的战略，到雇用具备一系列技能的员工，再到宝贵资源的投入方式等，都要围绕着定位来做。定位是所有外部信息和活动的基础，如从品牌设计到销售战略的制定，到网页版本的确定，再到营销手册的设计等，不一而足。

在我以前服务过的客户中，凡是用过书中所提到的 DNA 方法的，几乎每个人都大力称赞定位所带来的价值和作用。"我们和你及你的团队在谈话时，并不是在讨论一个营销问题，"Sitecore（一家经营管理软件开发的公司）的营销总监斯科特·安德森说，"我们是在讨论公司业务。"斯科特·安德森指出，对一个新任营销总监来说，他所能进行的最简单、最高效的活动就是创造一个新的标识，或者改变公司的图表设计系统。"如果你的工作目标是让公司立刻看到你的工作突破，特别是对于一个新任营销总监来说，定位就是你所要做的工作，"他说，"它几乎可以立即引发许多行动举措，可以快速完成许多看得见的成果。但是调整品牌并不是对公司最具影响力的事，而定位却是最有效的，这就是为什么我们首先需要做的是定位，而不是品牌。"

只有当管理团队对公司的 DNA 有一个完全的、理性的了解时，才能够打造一个感性的故事，而这个感性的故事可以准确地描述我们是什么样的公司，为什么我们的公司会如此重要。（可口可乐的定位是快乐舒畅，红牛的定位是极限，州立农业保险公司○的定位是值得信任。）只有在完成定位之后，才可以继续推进其他工作，如加大宣传力度、实施兼并与并购、招聘、设计组织结构、设计薪酬福利等。当然，最重要的就是制定营销决策。揭秘公司的 DNA 是一项乍看起来似乎没什么了不起而实际上却相当复杂的工作。我需要在了解公司DNA 的基础上来确定定位战略。

地图上的一个点

在最初阶段，我们可以把定位比作地图上的一个点，这也许有助于你更好地理解定位这个词。从本质上讲，你经过深思熟虑后，在地图上选择了一个位置，而这一位置是由几个不断变动的部分组成的。

首先，在许多要素构成的地图背景下，呈现出来的是你所在公司的核心 DNA。地图背景包括市场环境本身——市场即公司存在的位置和公司所属的品类。在品类之外，还包括你所在公司服务的社群——客户要素，连同客户及其影响者的行为、言语、信念和需求；竞争对

○ 美国最大的互助保险公司之一。——译者注

手要素，即那些目前已经在品类领域和准备进入品类领域的竞争对手；环境要素，主要指那些对客户及竞争发挥塑造作用的趋势变化。在本书后面的内容中，我将逐一介绍每个要素，但现在，我只是将定位作为战略提出，让你可以由此界定公司的竞争优势（见图 1-3）。

定位是在特定情境下公司差异化作用和价值的具体体现

图 1-3　地图上的一个点

　　定位是围绕竞争优势，在你采取行动来做品牌方面的工作之前，所从事的一切与夯实基础相关的工作。如果地基打得不牢，或者做得很糟糕，或者根本没有基础，那么房子就会倒塌。特别是在高科技时代，这样的事情时有发生。尤其是在涉及营销革新时，准确而恰当的定位应该是必需的。如果你没有做好正确的定位，那么技术创新很难振翅腾飞——不是因为理念愚蠢，也不是因为产品不好，而是因为定位错误。

　　定位是所有公司成功的关键，而对高科技公司来说，定位尤其重要。在刚开始创业的那段日子里，我们在教训中学会了不能忽视定位这一基本原则。当时，我们与一家小型的非营利性组织达成协议，为其提供服务。这个项目与我们通常做的业务不同，这个组织的董事长是我的一个朋友，他只是想让我们为其所在的组织撰写或创作一个故事（因为该组织的预算只允许他们做这么多）。经过简单的讨论之后，负责该项目的团队一致认为很快便能拼凑一个故事出来。组织的动机很不错，他们也认为起草一个故事应该不会有什么难度。

完全错了。

我的团队应该早点儿告诉这家组织"在没有完成定位之前，我们不能编撰故事"，但他们没有这么做。构成品牌的所有要素（包括故事），必须从定位开始，这是无法回避的事实。如同房子的地基一样，定位是最基础的部分，其他部分（如营销战略和执行）是建立在定位这一基础之上的。由于受时间和预算的限制，我的团队忽略了定位，直接开始品牌策划的工作，也就是直接进入了编撰故事的环节。我的团队为这家非营利性组织所编撰的故事，由于不是从准确的定位中衍生出来的，而只是借鉴了竞争对手的故事，因此忽略了差异性，结果导致该项目失败了。就像我们建造了一所没有地基的房子一样，房子倒塌是自然而然的事情，这没有什么值得大惊小怪的。于是，我们不得不重新返工，从头开始，耗费了正常工作两倍的时间。教训深刻！

有些公司可能不需要广告，或者不需要广泛传播公司信息，但定位对它们来说也同样重要。因为定位不仅能帮助公司获得成功的机会，它还能够让公司保持连胜，不断取得成功。你的公司也许只有14位客户，但如果这些顾客是你公司所在的行业客户的全部（假设这些客户是世界上所有的会购买你所销售产品的公司，并且它们全部会从你的公司进行购买），那么你也仍然需要做好定位工作。你仍然需要了解这14位客户，你要了解，对它们来说最重要的是什么；是什么让它们愿意购买你的产品。你需要对它们有一个全方位的了解，并且能够预测它们下一个目标要去哪里，或者是否有其他人将与它们携手同行，它们是否会继续为你所在的公司做贡献。当然，你必须用竞争对手无法抗衡的方式，让它们一直保持这样的势头。

当公司面临变革或转型时，扎实可靠的定位会显得尤其重要。亚美亚公司（Avaya）请我帮忙做一个重要定位——因为亚美亚公司在经营发展过程中发现自己所在的行业正日渐萎缩。我和我的团队所做的第一件事便是访谈，访谈的对象既包括公司内部的员工，也包括公司外部的人员，从公司管理团队到顾客，甚至还包括那些不知道最终去向的潜在顾客。在访谈过程中，有这样一个情景——我与一位顾客交谈时，他指着自己的 iPhone 手机说："亚美亚公司给了我一个完整的移动学习环境。""啊哈！"我想，得来全不费工夫，这不就是亚美亚公司所做的嘛！它创造了一个移动学习环境！还有移动医疗保健环境、移动金融服务环境以及其他许多移动应用环境等。从这个评论（后来在高管中得到一致的、发自肺腑的响应）入手，我们开始了新的工作流程，帮助公司转换工作重点，改变其公众形象。突然之间，关于推出什么样的产品以及产品分类等问题仿佛一下子变得简单、容易了许多。我们能够拿出亚美亚公司的 50 种产品，赋予这些产品更多、更容易理解的意义，这不仅让销售部门，而且让每个部门、顾客更好地理解了这些产品的意义。曾经一大堆杂七杂八的通信产品（如视频会议、分析、音频会议、聊天、网络、电话通信、移动 App、联系中心），现在都可以规规矩矩地打包在"移动应用"名下。我们可以让这家公司从联合通信设备公司和联系中心供应商等让人不知所措的分类中解脱出来，重新做一个定位，即为用户提供一系列的移动应用环境。这显然就是一个"啊哈"时刻。

"啊哈"是一项团队运动，"嗒嗒"⊖则是绩效结果

　　DNA 方法的威力就在于它能够揭示公司真正的本质特性，并且能够与公司最高管理层达成一致。其中的哲理在于，当你理解了公司的本质和核心是什么，并且与管理团队携手作战，共同绘制公司战略

　　⊖　"Ta-da"，原指战斗冲锋前的号角声，本文表示的是结果出来后准备实施的充满激情的感叹，而"啊哈"强调的是发现公司 DNA 类型时的惊喜感叹。——译者注

地图的时候，不可思议的魔力就会应运而生。但是，有一个重要的事情你一定要记住，那就是：探索、揭秘公司的竞争优势，简单而巧妙地表达公司的竞争优势，这些并不像《广告狂人》中唐·德雷柏式的魔术大师那样，隐身于一间密室中，两周后带着一个完美的品牌主张现身。如果是像唐·德雷柏那样的话，你可能会拿出一个听上去很炫酷的东西，但由于这些东西并不是基于公司本质的，所以不会产生完美的效果。

品牌主张提供了一个让人着迷的方式来归纳、总结DNA，但如果把这些品牌主张单独拿出来，它们并不能够向市场提供差异性说明，或者向市场解释公司的作用和价值。"Just Do It"这个品牌主张非常成功，但这句话没有告诉你耐克到底有什么与众不同之处，没有揭示其差异性到底在哪里。然而，当你了解了耐克的定位，并有过市场体验之后，你便知道为什么这句话会有那么大的影响力了——因为这个品牌主张是对公司战略和定位的完美概括。耐克是一家"生活方式公司"（lifestyle company），是通过提供市场细分而获胜的公司。耐克的细分市场指的是"真正的运动细分市场"，或者被称为有抱负的运动员。"Just Do It"做得漂亮的一点是，它一遍遍地强化了公司的战略和市场定位，因为它准确地反映了公司为特定细分市场提供服务的计划。耐克每天所做的任何一件事情（公司为更多地销售产品所采取的各种策略）都反映了"真正的运动员"这一定位。

对竞争优势的准确表达，来源于高管层的通力合作，他们的工作都是基于逻辑性和DNA的思考。其合作的结果是，最后你可能并不知道是谁得出了什么样的观点。这些突破性的"啊哈"发现可以出自（而且常常出自）首席财务官（CFO）、首席技术官（CTO）、首席信息官（CIO），或者管理团队的其他成员。这也是要让全体领导团队的成员都必须参加定位活动的另一个原因。而实际上，它可以来自公司内外的各个地方。还记得我们前面提到的亚美亚公司的"啊哈"创意吧，它就是来自一位顾客不经意间的一句话。当时，我为了了解该公司的情况，对这位顾客进行了访谈。然而，不管是怎样的来源，定位都需要高管层的合力支持与配合。他们的支持与配合，有助于在定位中体现公司的文化，确保营销取得成功。这种支持和配合能够发挥至关重要的作用。

在设计定位框架模型之前，我往往会像女魔术师那样，凭空创作定位说明和品牌主张。因此，常常出现这样的情景：顾客很兴奋，他们非常喜欢我设计的这些东西，但他们不会购买，这是经常发生的情景。因为这种兴奋会消逝得很快。为什么会这样呢？因为他们不知道定位说明或品牌主张来源于哪里，或者不完全知道其真实出处，因此，他们在执行起来时常常困难重重。他们错过的是问题的本质，而他们深层次地了解信息的唯一途径就是经历"让人乏味"的定位过程。如果不经历这样的过程，没有人会对结果有一个深刻的理解，这样的结果就是，工程人员、营销人员、销售和客服都还会继续以前的工作，每个人还会按照自己的节奏前进，各人自扫门前雪，全然不会考虑整体格局。

尽管情感迷人的品牌包装看上去让人兴奋不已，但如果它没有抓住公司在市场中的作用和价值，没有抓住公司的DNA，那么它不过是"一张化过妆的脸"，没有战略，也没有物质做后盾支持。有一次，我们在向客户提交方案前，先向团队展示了定位活动的信息架构（本书第5章会有信息架构的详细介绍）。在了解了同事的信息架构展示后，我越来越清楚其中的重要性。在展示过程中，同事的幻灯片做得非常专业，画片突出、颜色亮丽，但看完展示后总让人有一种不知所云的感觉。后来，这个同事反复阅读、审核自己的幻灯片之后，我突然意识到：她在展示中出现的问题不是因为幻灯片不好，而是因为太好了。在这光鲜亮丽的背景下，有用的信息反而被人们忽略了。

如果你在展示定位时过于注重形式，你就可能会偏离主题，反受其害。设计可以使糟糕的观点看上去很好，也可以使很好的观点看上去很糟糕。经过这么多年，我也知道了避免这种结果出现最好的方法，就是用一种平淡无奇的方式来展示定位，一定要尽可能平淡，这样，客户才能对语言做出反应，而不是对那些华而不实的设计有所反应。许多品牌机构都会针对市场进行调查研究，然后提出一些"富有创意"的东西。所有这些都离不开华丽字体的装饰，都要靠奇思妙想的图案来美化。它们甚至会打造一个戏剧化的展示方式，通过展示，揭示两个或三个"伟大观点"（海报大小的广告或唐·德雷柏式的故事)，来表现公司的所有内涵，或者至少表现公司应该拥有的愿景。公司的战略、个性、给人的形象和感受，全部都用闪闪发光的、诱人的包装包裹起来。

在展示过程中，一屋子的人都会发出"嗯""啊"之类的叹息，他们微笑、点头，并且会说："噢，天啊！太漂亮了，简直太漂亮了！"客户们也乐意看到他们的品牌在如此诱人的光影中被展示，而且，第一印象确实让人兴奋不已。它好像是一步巨大的跨越，特别是如果之前所做的并不很合适的品牌活动已经胎死腹中，那么，这更是一步巨大的飞越。他们互相击掌庆贺，然后回家告诉他们的家人，这个全新的方向多么让人振奋、喜悦，再美美地睡上一觉，这一夜，他们觉得他们选择了"最佳概念"，一个让他们"感觉正确"的概念。

然而，当品牌活动进入实施阶段时，当他们开始考虑如何向公众展示新品牌并且准备花钱来做网站、视频、广告和公共关系时，他们往往发现自己一头雾水，不知何去何从。这是一个大问题。尽管此时大多数公司仍不清楚出现问题的原因是什么，但大多数情况下，一个月前让每个人都爱不释手的那些迷人的、富有创造性的概念都不能作为公司的战略支柱，不可以用来指导公司的发展。这顶多算是一次较为明智的品牌活动，或者是提出了一个品牌主张。但这绝不是一次将公司统一起来，并且指引公司真正从市场中脱颖而出的行为。当然这也不会促成公司的转型，而许多公司都想在定位的过程中寻求转型。为什么会这样？因为高管团队中没有人能够看出充满创意的执行和公司战略之间的关系，至少无法深刻理解两者之间的关系。

我们要注意这样一个事实：如果高层管理者不首先关注定位的问题，不从 DNA 活动开始（我们要在第 3 章中介绍），那么最终的市场营销就不会出现好的结果。富有创意的品牌主张和精美的图画不能代替定位。品牌策划公司可能会有许多新颖独特的观点，甚至这些观点的威力和功效也是真实的，但是，如果它们不让管理团队参与品牌设计的全过程，最终就会发现自己不知道该何去何从。基于 DNA 的定位是确保管理团队对这一结果能够有所掌控的关键所在。

当你能够凭借彻底的、基于逻辑的自信，确认品牌是公司 DNA 和公司文化的精准反映，基于 DNA 的定位能够让公司在市场中获得成功的时候，为什么还要逞一时之勇，跟着感觉行事呢？如果做得妥当，定位活动会在团队成员之间促成极其明显的协调匹配。这种协调匹配的力量会如此巨大，以至于在这其中我所做的工作仅仅是帮助实现各个观点的联结而已。当然，作为一家公司，我们为客户做过大量的背景调查，通过对利益相关者的访谈，包括内部的和外部的，去了解公司的基本要素，例如业务轨迹、市场动态、业务差异性、客户价值、公司价值、个性以及公司的动态发展等。所有这些都可以用于定位。但是，如果高层管理者认识到这一经过时间验证的基于 DNA 的定位方法所能够带来的巨大收益，并且有一个进行建构的模型，那么，他们自己就会去做这项颇有难度的定位工作。

最终，只有当公司领导层参与了定位创作和设计之时，他们才会对与之相关的营销工作予以支持。不管这项营销活动是多么鼓舞人心，如果不从基于 DNA 的定位开始，不让管理团队成员参与这个活动过程，公司就不可能在市场上大放异彩。高层管理者必须了解营销活动应该从什么地方开始做起。如果我和我的创新团队成员被关在一间小黑屋里，两三周后露个面，然后告诉客户："Ta-da! 这就是你们的标语口号——'Just Do It'。"这很可能不会成为世界上最成功的品牌主张——我认为耐克在 1988 年的"Just Do It"活动是非常成功的。但是，如果高层管理者不知道这句话从何而来（也就是不了解公司的 DNA 是什么，不了解公司最基础的东西是什么），那么，这项营销活动就走不远，也走不长，费力也不会起作用。"Just Do It"是一句天才的营销口号，但是我敢确定，"Just Do It"这句话肯定不单单源于一项创意活动。它是管理团队通过艰苦卓绝的工作，在了解了耐克是什么样的公司，这一品牌代表着什么，以及什么对公司至关重要之后，才能创作出来的口号。简而言之，这样的品牌主张来源于定位。

在锁定定位之后，这一过程也就变成了一项更富创意的活动。当你知道自己现在一切步入正轨时，就可以考虑品牌策划的事宜了——这就需要抓住公司的本质和个性，用一个引人入胜的故事来吸引全世界的目光，甚至可以加上许多华而不实的东西。因为此时，你可以在品牌主张中加入所有吸引眼球的成分，加入娱乐性的或最前沿的设计。品牌是你吃完了所有的蔬菜后，奖励给你的甜点。

在市场中获胜的关键是什么？在关注品牌之前先锁定定位，而定位过程永远不要依靠花言巧语的展示或魔术师式的表演来博人眼球。相反，这一活动应该创造一种环境，以促使基于 DNA 的认知在高管团队中自然而然地本源呈现。当你知道公司是什么样的公司，公司为什么会如此重要时，你就可以向客户明确地表达驱使客户购买产品的原因是什么，而这最终会促成公司的竞争优势。

第2章

核心 DNA 发挥作用

　　人类的 DNA 是相当复杂的，它由分子构成，这些分子被称为核苷酸——每个分子包含着一个磷酸基团、糖基和氮基。总而言之，人类的基因组包含大约 30 亿个氮基和大约 20 000 个基因。商业 DNA 则简单得多，它只有三种类型的公司。也就是说，世界上只有三种类型的公司存在，每种类型都有其独特的 DNA。就像我一样，因为我的 DNA，所以我看上去就是我的样子；而你也因为你的 DNA 看上去是你自己的样子；公司也因为其不同的 DNA 构成而成为自己的模样。每个组织都呈现三种类型中的一种 DNA 模式。

　　尽管公司 DNA 不像人类 DNA 那样复杂，我们依然可以为每种类型找到与之相对应的人物形象：母亲型是以客户为导向的公司，工程师型是以产品为导向的公司，传教士型则是以概念为导向的公司（见图 2-1）。在 30 多年的咨询工作中，我服务过上百家公司，帮助它们在市场中找到理想的定位，为它们编撰吸引人的故事。这 30 多年的工作，让我得出这样的结论：所有公司都可以归属于这三种 DNA

类型中的一种。同时，我还认识到，了解你所在的公司属于哪种类型，对制定市场进入战略极有帮助。

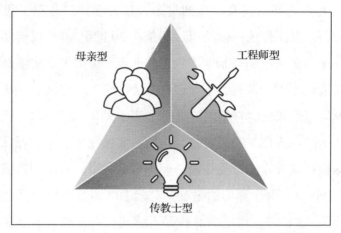

图 2-1　核心 DNA：母亲型、工程师型和传教士型

所有生物都受到 DNA 构成要素以及环境的影响，至于公司 DNA，当然也一样会对公司产生影响。DNA 影响着企业文化、公司的结构类型，对公司如何衡量成功，如何雇用员工、培训员工和奖励员工，如何分配资源，如何编撰公司故事，以及如何决策向世界输出什么样的品牌等，也发挥着影响、作用。说到如何识别公司在市场中的作用和价值，如何确定其理想定位，DNA 是最大的影响因素。当然，公司品类、服务社群、竞争对手以及公司所处的经营环境等，都会影响公司的定位战略。在第 4 章中，我们将对这些内容做出详细介绍。

母亲型

顾名思义，以客户为导向的公司获胜的基础在于以下两方面的有效组合，即它们为谁提供服务，以及它们创造的客户体验是什么。以客户为导向的公司衡量成功的方法是通过客户的保有率、满意度及忠诚度衡量。公司所做的一切（从特定市场的目标选择方式，到培训员工以及提供薪酬福利的方法），其动机都是为了满足客户需求以及建立公司与客户之间的关系。想到母亲型这一名称，是源于我与史蒂夫·乔布斯一起工作的一段经历。那是在 20 世纪 80 年代初期，从苹果公司推出麦金塔电脑开始的一段工作时间（史蒂夫喜欢以姓名来称呼这台可爱的小型计算机，不允许称其为"它"或"这"）。从根本上来说，他的愿景就是"将母亲放进每个箱子里"，让机器充满吸引力，并且操作简单、方便。购买者打开包装，安装完毕后，就可以进入一个可用鼠标点击操作的可爱界面，而不像那种以让人不知所措的、复杂的 DOS 命令为操作界面的电脑（麦金塔电脑没有那种复杂的键盘操作命令）。这让麦金塔电脑的购买者感到有点儿像是电脑在照顾他们，而不是他们在费力操作电脑。

澄清一点，苹果公司的核心 DNA 并不是那种客户导向型的公司，而且永远不是。它的产品具有改变行为的特性，这让公司归属于另外一种类型，但这是史蒂夫最初设想的麦金塔电脑的差异所在。很显然，以客户为导向一直是公司基因构成的一个重要因素。苹果公司是以提供用户友好型产品和服务而闻名的公司，但这并不是公司的偶然为之，这也是我使用史蒂夫最初的思想来说明母亲型的原因所在。使用舒适、操作简单是早期要做的头等大事，从单纯的"快乐麦金塔"的笑脸（一打开机器，就会显示欢迎用户的笑脸）到带有自动解说功能的垃圾箱图标（到现在仍然在不断更新），这两项产品都促进了明星产品的不断涌现。苹果的启示很简单，体现了史蒂夫推动历史发展的使命：打开箱子，你会发现这个产品真是"酷毙了"——在麦金塔电脑时代，整个苹果公司总部都在用的一句口头禅，特别是乔布斯，他每天要重复大约一百次——这样的产品将会改变你的工作方式。这就是史蒂夫·乔布斯时代对苹果公司所下的最终定义。这是一家以概念为导向的传教士型公司。

专注客户需求是母亲型公司所做的。举例来说，贺曼公司（Hallmark）致力于满足客户的需求，它提供各种卡片、礼物，满足你能想象到的任何一种场合的使用需求，包括生产一种人们称之为"新常态"的贺卡，向全职爸爸、同性恋者、离了婚的父母和前任老公或老婆等表达感谢。或者是像 Zappos[⊖]这样的公司，每年要花 4～7 周的时间来培训客服代表。在培训结束后，如果员工觉得公司这种客户第一的文化不适合他们，那么可以退出，临走时公司还会支付他们一个月的工资。诺德斯特龙公司（Nordstrom）[⊜]也是以服务而闻名的公司，众所周知，该公司无条件地、愉快地接受全部商品的退换，即便是商品已经被明显地使用过了，也接受退货。来福车（Lyft），这家提供打车服务的公司，曾以其车头装饰的粉红胡子而闻名，它也是一家母亲型公司。来福车一直致力于树立并培育其对客户友好的声誉，以便让自己与优步区分开来。优步的目标是改变世界大众的出行方式，而来福车的目标则是为客户提供优良的出乘体验。与优步咄咄逼人的信条相反（优步创始人特拉维斯·卡兰尼克公开承认，曾试图破坏来福车的资金筹集计划），来福车努力追求的似乎是"我们是为您提供车辆服务的朋友"的氛围。

不管是什么样的产品（从豪华轿车到汉堡包，从小众杂志到牙膏），母亲型公司都是靠与客户维持良好的关系而取胜的，也是通过衡量其与客户的关系来测评自己是否成功的。

母亲型公司的特点

以客户为导向的公司，因其服务及所创造的体验，与客户建立良好的关系，并以此取胜。为了实现这个目的，它们要做以下工作：

● 管理层在研讨时关注客户。

⊖ 一家美国卖鞋的 B2C 网站。——译者注
⊜ 美国高档连锁百货店。——译者注

- 以由外向内的视角看待世界。
- 从客户关系的角度衡量成功，而不是只关注销量。
- 进行客户跟踪研究和市场调研，以进一步了解客户。
- 创造超越产品的客户体验。
- 根据客户细分市场来衡量利润。
- 关注客户细分市场的扩展和客户的服务需求。
- 雇用客户观念强、品貌兼优的领导，拉近高层管理者与客户的关系。
- 通过品牌和客户忠诚度来推动营销。
- 鼓励员工在客户服务方面做出卓越表现。
- 确保其价值主张能让客户高兴。
- 与客户一起检测其价值主张，确保与客户需求保持高度相关。

工程师型

　　以产品为导向的公司有着不同的使命。工程师型公司以打造最优的产品和服务为己任，希望在其他公司之前，为更多的客户提供更多的产品，以市场占有率作为衡量成功的标准。母亲型公司由客户关系来驱动，它们想的是能为客户提供什么；而工程师型公司则更多的是受技术的推动，想的是公司能做什么。看一下那些以技术为基础的工程师型公司的新闻报道，如微软、甲骨文或英特尔等公司，你就会发现，除了公司更换高层领导的公告之外，它们一般喜欢发布与技术进步相关的新闻，如新产品发布、最新的产品性能、最新的革新等。母亲型公司会投入大量的时间和金钱去调研客户真正的需求是什么，而工程师型公司则对自己产品的优越性非常自信，因此，它们认为客户就需要它们这样的产品。归根结底，它们是专家，在谈及产品和服务质量时，它们认为自己具有绝佳的优势，可以确定什么样的产品会在市场中获胜。

　　尽管许多工程师型公司是以技术为基础的，但在整个行业中，也有些是以产品为导向的公司，比如，沃尔玛就是一家工程师型公司，麦当劳也属于工程师型公司，它们重点关注的是向尽可能多的客户销售尽可能多的产品，以此获取在市场上的霸主优势。客户是否喜欢这种购物体验，虽然不能说不重要，但是其对客户的关注往往不够，远没有诺德斯特龙公司这样以客户为导向的公司对客户关注得那么多。当我们谈到工程师型公司（以技术为导向或不以技术为导向）时，衡量标准都是关于产品性能、市场份额、产品品类在市场中的地位、标杆领袖等内容。一家母亲型公司（如万豪酒店）可能会额外投入一些资金来做客户服务培训，而工程师型公司，如思科、黑莓或沃尔玛可能更倾向于安排资金做产品开发或销售。

工程师型公司的特点

　　产品导向的公司致力于打造最佳产品或服务，让更好的产品占有更多的市场，市场规模起着至关重要的作用。为了实现这个目的，它们要做以下工作：

- 管理层在研讨时关注产品。
- 不断重新定义产品"更好"的概念。
- 沟通时强调"赢"这一理念。
- 对产品的优越性和公众喜爱程度具有彻底的自信。
- 保持一种活跃的、进取的，有时甚至是自负的形象。
- 一切都可以产品化，并以此作为其核心竞争力的来源。
- 以市场份额来衡量成功。
- 推行以销售为中心的文化。
- 推崇产品、技术和知识层面的深度开发。

- 围绕产品线组织业务单位。
- 对保持霸主地位几乎到了痴狂的地步。

传教士型

传教士型公司是以概念为导向的公司，致力于改变世界，进行开创性的、可以改变生活的革新，就像苹果公司在乔布斯时代那样，不断地推出新产品，激励员工拥有创造性的视野和提出大胆的想法，此类公司通过改变行为和市场颠覆来衡量成功。传教士型公司与工程师型公司的不同之处在于，工程师型公司常常关注的是新特色，追求不断的、渐进式的革新与改变，如软件更新以进一步解决安全上的漏洞，改进太阳能电池的功率，洗衣机增加模糊逻辑控制技术，等等；而传教士型公司则以革新为驱动，关注的是大规模地产生变化，它们追求的是伟大的跨越而不是小步前行，核心是致力于人类大众行为的改变。

想象一下美国联邦快递，它起初因无法与飞机运输行业竞争而心灰意冷，后来跳出限制、转变思路，最终彻底改变了行业的面貌（联邦快递最初的品牌主张是"绝对、必须隔日送达"）。再看一下星巴克，它打造了一个除工作场所和家之外的"第三个地方"，从而颠覆了整个咖啡世界。还有 Salesforce[⊖]，它提出了"软件终结"的口号，通过云技术提供客户关系管理（CRM）服务。

当然，一定还要再想想苹果公司。有太多改变行为的概念出自苹果公司总部，它秉承着"失败是好事"的哲学理念，使自己一直在传教士型公司领域深耕不辍。早在 1980 年，乔布斯就公开表明："只要你能很快站起来，摔得鼻青脸肿也没什么关系。"

一次创新性的飞跃就已经非常成功了，而在史蒂夫的领导下，苹果公司却一直在持续不断地创新。例如，Apple Ⅱ 定义了一个全新的

⊖ 一家 CRM 软件服务提供商。——译者注

行业，它是史蒂夫在 1977 年设计的，是世界上第一台个人电脑。尽管该型号电脑一直到 1984 年仍处于成功的巅峰，但史蒂夫又开始对行业进行彻底改造（没有提及顾客是怎么想的，怎么使用计算机的）而推出了麦金塔电脑。这是第一台面向大众的个人电脑，它最大的特色是具有图形用户界面和使用鼠标操作。（苹果公司的 Lisa 电脑仅比麦金塔电脑早一年推出，重 54 磅[⊖]，定价 1 万美元，是苹果公司所认为的一次巨大失败。）随后，在 2001 年，也就是史蒂夫重返苹果公司后，他推出了 iTunes 商店，又重新定义了音乐业务。

还有非常重要的一点需要我们注意，那就是像 iPod、iPhone 和 iPad 这几类产品，尽管非常成功、非常有影响力，但并不是第一个在市场中出现的产品（苹果公司并不是第一个生产 MP3、智能手机和平板电脑的公司），但由于这些产品对社会的巨大影响，它们仍然属于概念型创新产品。要判断一家公司是不是传教士型公司，关键是看其是否能够改变人类行为的进程。并不是所有的苹果公司产品都改变了我们的工作和娱乐方式（就如 Apple Ⅲ、Lisa 电脑甚至苹果手表那样），但最终其大多数产品还是对我们有所改变。史蒂夫·乔布斯针对每款产品所做的工作，都是创新，让人们的生活发生里程碑式的改变。例如，2007 年，iPhone 手机第一次亮相时，史蒂夫便通过发布用户友好界面、移动浏览器和 App 应用商店，将呆板的智能手机从商界这一狭小的利基市场（从公司为员工配备的办公通信工具）推向了全球范围的广大民众。我们的生活永远不会一成不变。史蒂夫是鼓舞人心和具有无畏精神的，他真的是做到了"非同凡想"，他让不可能成为可能，最终他的产品让全世界许多人为之痴迷。

就像我前面所说的那样，在麦金塔电脑时代，整个库比蒂诺市——苹果公司的故乡，奉行的原则都是"酷毙了"，针对麦金塔电脑的所有设计都是来阐释验证这个词的。（规则一：渐进式改善是不能容忍的。）"酷毙了"的核心理念就是要创造一台电脑，这台电脑一

⊖ 1 磅 ≈ 0.4536 千克。

定要去除复杂机械的负荷，用全新的设备来取而代之，使其真正能够操作和使用起来方便、快捷。但是要做到"酷毙了"，必须面对的不仅仅是麦金塔电脑本身，还有软件方面的困难与挑战。这句话也适用于麦金塔电脑的方方面面，包括物理环境、包装、广告、文案等。当然，还有公共关系，而这也正是我的专长领域。

像其他的一切一样，麦金塔电脑的宣传资料也必须在"标准"之上，或者说超越"标准"。苹果公司概念性突破创新的决策也是如此，而质量说明只是最基本的东西。举例来说，我们在为数百家媒体记者准备的麦金塔电脑最初的宣传资料包之中，包括下面这些内容：装在那份带有徽标的白色箱体仿制品（其精巧的设计正好可以装下一张启动盘、一份用户说明书和一条电源线）里的是一系列关于麦金塔电脑技术突破说明的新闻发布稿，关于电脑、生产工厂和麦金塔电脑团队的精美照片，与媒体记者所需型号完美匹配的一件麦金塔 T 恤。按照今天数字时代的标准来看，这样的一次新闻发布会可能不算什么大事，但退回到当时那个年代，新闻通稿的撰写如同美联社印发报纸一样重要的那个年代，在新闻通稿仅仅作为一种告知媒体信息工具的那个年代，这肯定算得上是一件盛事。事后，很多媒体记者反馈说，很高兴能够收到宣传资料包。对此，我毫不惊奇。我们就是麦金塔电脑的传教士。

传教士型公司的特点

概念型公司获胜的基础是富有创造性的愿景和创新方向，公司致力于从根本上改变产品、服务或行业的性质。为了实现这个目的，它们要做以下工作：

- 在管理层研讨中关注理念和客户行为。
- 要展示出为世界带来工作机会和生活新方式的使命感。
- 产品、服务和解决方案要以创新为核心。

- 设法打破当前的市场模式和商业模式。

- 培养高效能的环境。

- 推行敢于冒险的文化。

- 让每个人都保持独特的视野。

- 激发每个人的参与热情。

- 聘用具有超凡魅力的高级主管。

- 将项目愿景作为客户价值主张的核心。

- 为员工提供一种生活选择的方式，这种生活方式要与他们领导改变世界的激情协调匹配。

- 创造让人狂热崇拜的宗教般的声誉。

公司的基因类型

当我们了解了公司的 DNA 之后（第 3 章我们将探讨如何发现公司 DNA），就可以去探索发现公司的"基因类型"了，这是确立公司在世界上的理想位置的简单且最重大的指标，这一指标将有助于公司在市场中找到自己的位置并取得成功。成功的定位需要基因说明，这一说明一定要与公司的核心 DNA 一致。人类可以根据 DNA 序列来确定每个人的基因差异，基因分类就是根据 DNA 序列来判断基因差异的过程，通过基因类型，可以区分公司的 DNA 构成。还有一个好消息，那就是：找到那个特定的节点比确定公司的 DNA 更加简单、直接。为什么呢？因为只要你知道了公司的 DNA，你就有了两个方向并且只有两个方向可以选择——每个 DNA 类型的公司都有两种基因类型。

母亲型 DNA 的基因类型：客户体验或客户细分

母亲型公司的差异性特征和成功法则是，要么为客户提供产品或服务体验，要么在某一特定的细分市场中深耕细作。

客户体验

母亲型公司成功的第一种途径是通过与客户联结的方式显示客户体验来实现的。正如我们从 Zappos、诺德斯特龙、来福车等公司中看到的那样，这些公司所做的任何事情（包括它们雇用的员工、发放薪酬福利的方式，以及衡量员工成功的方法等）都是朝着维护客户关系的方向而努力的，它们所做的任何事情都是为了取悦客户，让客户高兴。

迪士尼就是一个非常成功的例子，它将客户体验发展到极致，达到了一种前所未有的高度。迪士尼所设计的一切都是为了让人们高兴。它推出了主题公园、巡演、电影、电视节目、玩具，对每一个渠道都殚精竭虑，力求客户与品牌有效地联结在一起。但是，让迪士尼最终脱颖而出的还是客户体验的深度到位。在参观迪士尼的主题公园时，人们立刻会沉浸到一个精心打造的童话世界中去。在迪士尼，所有的地方只会出现一模一样的米老鼠；而无论是在奥兰多、巴黎还是在东京，白雪公主的签名也都是一模一样的。在迪士尼，停车场都是以影视片和人物角色命名的，橱窗展示也与婴儿车的高度协调匹配，残障人士都会得到贴心的照顾和服务，公园的物流部门也都严格地按照主题公园的背景设计运营。为此，无论是装货区还是维修区，都以公园的主题元素为遮挡，公园内的演职人员有专门的地下通道，因此，游客永远不会看到加勒比海盗中的角色在下班后穿行走过迪士尼的明日世界。

那么，迪士尼最终的收益是什么呢？它赢得的是绝对的客户忠诚，他们中有许多人会选择在主题乐园的巡游队伍中举行婚礼。你可能认为迪士尼乐园主要以游客为主，但实际上，游客中有许多购买了年票，一年中不定期地前来游玩。正如坦南特在 Kissmetrics 网站上的营销博客中所说的那样，迪士尼的铁粉们去迪士尼不仅仅是为了乘坐娱乐设施，这些娱乐设施按照主题乐园的标准来说，相当稀松平常。相反，他们是为了迪士尼提供的体验，为了迪士尼的演出和展示，为了迪士尼的整体氛围，来参观这片"地球上最快乐的地方"的。他们来到这里，只是为了在大街上散散步，或者仅仅是坐在椅子上看看迪士尼的游行表演。简而言之，他们是来体验迪士尼氛围的。

再举一个 Facebook 的例子，这家公司一直注重打造客户体验。然而，在本案例中我们可以看到，Facebook 全力以赴打造的客户服务，其受益人并不是公司的用户，而是其广告商。无论什么时候登录网站，客户都会很快明白，尽管 Facebook 的隐私团队偶尔会对个人隐私安全问题给予礼貌的回应，但在用户心中形成的普遍认知是，用户绝大多数关于隐私问题的投诉，公司通常不会太过重视，而是常常忽略，因为公司本身支持广告商去获取客户有价值的信息。这样一种让客户高兴的愿望决定了 Facebook 的所有商业决策，包括选择收购哪些公司。（Facebook 愿意花 10 亿美元收购 Instagram 公司，其中一个原因就是它可以将某些资料有针对性地提交给不同的广告商。）无论是 Facebook，还是迪士尼，它们都是围绕客户满意度的提升来打造公司形象的，以保证客户重复购买公司产品。

客户细分

母亲型公司成功的第二种途径是面向某一特定的细分市场提供服务。例如，一些处于利基市场中的出版物（如《滚石》杂志、《华尔街日报》、*Real Simple*、*Parenting*⊖）、豪车（如法拉利、玛莎拉蒂、保时捷），以及专门针对某些客户群体的商场和品牌（如耐克、宜家、Forever 21）等，均属于此种类型。不管是什么样的产品，其重点都

⊖ *Real Simple*，*Parenting*，由时代出版公司出版的女性杂志和美国家庭杂志。——译者注

是吸引特定的客户群体，满足他们独特的爱好或需求。例如，Urban
Outfitters 服装的购买者都追求一种个性鲜明的独特风格，他们热衷于
对某些符合他们偏好的事物买单。同样，那些喜欢 Tom's of Maine 牙
膏（其品牌主张是"自然，所以重要"）的用户，对佳洁士和高露洁
这样的主流品牌并不满意。

无论是自助型网上商场（Etsy），还是专为运动员设计的功能型饮
料（红牛），许多母亲型公司都包含生活方式的要素成分。当然，你
在 Etsy 购物时也不用非得什么事都 DIY，就像你喝红牛一样，不一
定非得是专业运动员。还记得耐克的案例吧，作为一家追求生活方式
的公司，其取胜的秘籍就是专门为特定的细分市场服务，即为"真正
的运动细分市场"服务。确实，耐克向专业的运动员提供专业的运动
装备，但当你穿上耐克的运动产品时，也不一定非得做一名专业的运
动员。你可以只追求一种运动品质，可以从头到脚的每处装扮都像专
业运动员那样专业。你追求的是一种感觉，是你穿着专业跑鞋跑步的
感觉，是你穿着耐克的专业跑鞋边跑边喝红牛的那种感觉。客户不断
追问，母亲型公司则不断做出解答。快餐食品其实也一样，在为客户
创造一种感觉，如麦当劳打造一种为客户提供它们公司所能给予的理
念，即创造一种为客户带来好运的需求；而汉堡王则强调要"有自己
的生活方式"。

工程师型 DNA 的基因类型：产品价值或产品特色

以产品为导向的公司，实现差异化和获胜的原因也基于两点，产
品价值或产品特色。

产品价值

如果工程师型公司关注的是产品价格而不是产品特色，那么这种

情况属于产品价值的问题，类似于"花更少的钱，买更多的东西"。就像我们前面所提到的那样，如沃尔玛和麦当劳这样的公司，沃尔玛宣扬的是"花更少的钱，过更好的日子"，而麦当劳则避开汉堡王的客户体验模式，将追求高效作为公司目标，力求为更多的客户提供服务。麦当劳一直为自己公司的高效而感到骄傲，这么多年来，它不仅一直在追踪记录这个"数十亿的服务"的具体数字，而且在宣传这个数字。然而，公司在 2014 年将"数十亿的服务"的活动转变成"打动数十亿客户"的活动，希望通过这样的活动开启与客户的对话机制。其实，如果麦当劳曾经是母亲型公司，那么这样的对话机制早就该是公司内在的一部分了。

然而，产品价值并不一定意味着廉价。关注价值的公司也包括那些销售高端产品和服务的公司。例如，Surf Air 是一家规模不大、正在成长中的会员制航空服务公司，它提供本城市至热点城市之间的短途旅行服务，航点遍布加利福尼亚，当然，也包括拉斯维加斯。公司采用收取月费不限飞行次数的运营模式。乍一看，认人感觉 Surf Air 应该属于客户体验的基因类型，因为会员所享受的所有福利待遇通常与私人航空旅行一致，该公司更像是精华版的西南航空公司。客户享受了私人航空旅行所带来的价值与便利（周到的礼宾服务、舒适的真皮座椅、方便的停车方式、不用排队、没有运输安全局（TSA）的检查或行李检查）但你享受的不是像 XOJET 那样具有高端客户体验基因类型的航空公司提供的同等水平的豪华体验和细心关怀。除了要与其他旅客同乘一架飞机之外，你所面临的局限还包括：可供选择的目的地少、飞机小等。你只能乘坐螺旋桨式飞机，而不是大型喷气式飞机。然而，Surf Air 所提供的是一种价值主张：无须过多消费，就能享受私人航空旅行的许多好处。当然，Surf Air 要比普通的商业飞机贵一些，但整体上要比大多数私人飞机服务便宜很多。

产品特色

像三星、LG、凯膳怡（KitchenAid）料理机等公司都是以产品特色为导向的工程师型公司。它们一直在不断地推出新款产品，每一代新产品都要比你家中墙上挂着的、厨房里的或者洗手间里用的产品好一点儿，比如一款新型的、改良的浸入式搅拌机，或者是一款最新的条码阅读"智能"冰箱，这款冰箱以四个门取代了传统的两门冰箱。

再以微软为例，它也是一家产品特色式工程师型公司。其所做的每件事都是为了不断推出下一款新产品，推出下一个新特色和下一个新革新。这样一来，如果微软计划收购别的公司，一般只对以产品为导向的公司感兴趣，像 Skype、Yammer、Lync 等。这些新收购的公司从本质上来说又成了公司的新特色。像微软这样的公司，你不大可能听到它们谈论客户。从历史资料来看，这些信息似乎都是"如果你需要客户服务，就请查看常见问题的解决方法"。

传教士型 DNA 的基因类型：明日之星或者个人崇拜

以概念为导向的公司，其差异性特色也有两个方面的表现：它们创造了（或者成了受欢迎的）明日之星，或者被当作个人崇拜的领袖，似乎只通过意愿的力量便驱动了改革（或生产了一种非常强大的产品，让人类的行为发生了改变）。

明日之星

拥有"明日之星"特色的传教士型公司取胜的法宝，是通过创造性的愿景（如星巴克），或者靠完全改变一个行业的行为（如联邦快递），来使公司获得成功。其生存的全部理由是要对产品、服务或行业做出一些根本性的改变。通常来说，传教士型公司都处于产品生命周期的早期阶段，有些公司还是产品品类的创造者。当然，这里也是许多硅谷的著名公司出现的地方，像苹果公司、特斯拉、字母表公司（谷歌的前身），Salesforce 和推特等都是"明日之星"的代表。

在这里，你也可以找到优步这样的公司，它在 2010 年推出了革命性的拼车服务软件，顾客只需要触动键盘就可以叫来出租车。这种灵活的租车服务的出现，让它成了交通领域中的"明日之星"。像其他"明日之星"的先驱们一样，优步并不是第一个提出拼车服务的公司。尽管如此，它的出现却改变了人们的行为，改变了世界。（紧随优步之后，又出现了优步 CHOPPER——优步推出的直升机服务项目。）如果说优步的创始人、前首席执行官留下了几个实体店，在这一过程中引起了一系列负面宣传，那么，这也不过是在商言商之为。还有一点需要注意的是，一家公司推出了新产品、新理念，让人类的行为发生了改变，并不意味着这家公司必须是第一家进入这一市场领域的公司，它可能是第二家、第三家甚至第四家进入这一市场领域的公司，只不过它是在见证某一层面或某一种失败之后，才最终找到了解决问题的方法。关于这一点，我们将在本书的后面进行详细阐述。今天我们所享受的绝大多数创新，要归功于那些将产品进行商业化的公司，而不是那些新产品、新理念的发明者。

个人崇拜

当然，对于传教士型公司来说，还有更多的问题值得探讨，比如，是什么让特斯拉或苹果这样的公司如此让人着迷？是什么让维珍和 Salesforce 这样的公司脱颖而出？当然，众所周知，是其突破性的创新理念、先进的概念改变了人们的生活，并且让自身拥有了改变世界的潜力。但是，还要考虑其他的事情，那就是超越创新的问题。还有一点也是众所周知的，那就是拥有一位超级的、具有超凡魅力与感召力的领袖，能够完全凭借坚强的意志来引发革命，我将这样的人称为个人崇拜式领袖。

不管这些个人崇拜式领袖的吸引力到底有多大，他们至少有以下三个共同的特征：对某个（或某些）特定领域的热情、超常的愿景、改变行为的动机。事实上，改变行为通常会导致一场运动，例如，由星巴克首席执行官霍华德·舒尔茨所创造的新理念，引导了咖啡世界的革命。星巴克作为"明日之星"，颠覆了传统的咖啡世界，使其成为除工作场所、家之外的"第三个地方"。霍华德·舒尔茨本人就是一位个人崇拜式领袖，尽管他本人在公众舞台上并不那么知名。这么多年来，舒尔茨创造了一场运动，实施伦理的、可持续性的咖啡采购和环境保护措施，倡导员工和他们的家人一起参与。为此，星巴克为符合条件的全职和兼职员工，包括他们的同居伙伴（早在1988年就开始了这项福利），提供全额的医疗保险。除此之外，星巴克还是第一家向员工（包括兼职的员工）提供股票期权的私营公司。同时，他们还推出了"星巴克大学成就计划"，为符合条件的"星巴克合作伙伴"提供四年的本科学习机会，并报销其大学期间的全部学费（"星巴克合作伙伴"是对公司员工的另一种称谓）。在随后的几年中，星巴克还雇用了成千上万的难民、退伍军人及其家人。总之，舒尔茨已经创造了一场运动，这场运动让人们用异乎寻常的眼光来看待他们的工作和职业生涯——甚至让人们对自己的生活形成了不同的看法。他具有传奇色彩的个性，让他大放异彩。

相反，史蒂夫·乔布斯从来没有创造过运动。他一直通过创造产品来改善人们的生活，他所创造的产品设计精良、外观漂亮且便于使用。这就是他从一开始就采取的战略，而且都已显露成效。苹果公司的产品，从麦金塔电脑开始（及其随后不断更新的产品）都成了人们的必需品。那些使用麦金塔电脑的人，尤其是早期使用这种电脑的人，都算得上是反叛者。他们在办公室中无法使用这种机型（因为所有人都在用IBM和微软的产品）。于是，他们就偷偷使用，通常是在公司创新部门进行使用。但无论如何，他们都会使用这种新型电脑。从本质上讲，史蒂夫针对其产品创造了一种"崇拜"，或者更准确地说，这种"崇拜"与其"电器"完美地结合在了一起（这种运动在悄然进行），那些只要知道的人就必须要拥有一台。当史蒂夫知道了正在发生的这一切时，他又将这种"崇拜"放大，进一步激发更多的人来购买、使用。从 1997 年起，苹果公司发起了众所周知的广告活动，"非同凡想"，这句著名的广告词表达了对那些疯狂地想改变世界的人的尊敬。

我曾经与史蒂夫一起亲密合作过，我亲眼见证了他所具有的那种燃烧的激情。这种激情驱使他去改变世界。在这之前，我从来没有见到过具有像他那样的品质的人，而他的这种品质也一直伴随着他。即便是在不得不与那些不具备这种品质的人相处之时所表现出来的那种失落和愤怒，也成了他所具有的这一品质的一个不可或缺的组成部分。当你和他在一起的时候，你不会对这点存在丝毫质疑。史蒂夫对他提出的要求会一直坚持不懈，他拥有超凡的个人魅力和感召力，这种人格魅力让人对他的愿景确信无疑，根本不会考虑他说的是否正确。当他让你坐下来，和你谈论他所做的工作时，毫无疑问，你脑子里会想到，他正在去改变世界，而你也会追随在他的左右。他所要做的就是看着你，然后你就愿意死心塌地地追随他。至于他所推广的是什么，根本就不重要，他用眼睛看着你，你便被深深吸引。

再举一个超凡魅力型领袖的例子，这个人是理查德·布兰森，他靠的是个性和生活方式的魅力，而不是靠产品来赢得人心。简而言之，理查德·布兰森成了人们"崇拜的偶像"。通过享受公司无微不至的服务，乘坐他的飞机，同他的太空旅行公司签订未来旅行航班，参观他那著名的、豪华的加勒比岛，客户们立刻被这些酷毙了的东西折服了。事实上，向"世界公民"炫耀自己被邀请到内克岛（Necker Island）度假，也已经成为一种时尚，如果还可以同布兰森一起在这里嬉戏娱乐，那将是更大的荣耀。总而言之，他的公司是与众不同的领袖型公司，布兰森本人则是与众不同的领袖。不管怎样，人们都被深深地吸引着，为之着迷。

这就是那些拥有超凡魅力的人——像乔布斯、布兰森、埃隆·马斯克、马克·贝尼奥夫、华特·比奇之类的首席执行官；像比尔·克林顿、罗斯·佩罗和唐纳德·特朗普之类的政治家；甚至是像查尔斯·曼森和大卫·考雷什之类的邪教领袖。不管他们是正派的还是邪恶的，是漂亮的还是丑陋的，不管他们会成功还是会失败，实际上这都不是问题。当然，许多个人崇拜式领袖会功成名就，比如，布兰森让维珍成了"时尚"的同义词；马斯克改变了整个汽车产业，他还打算进军宇宙飞船公司的业务领域；贝尼奥夫已经通过发起一场运动（现在是一个全球范围的活动），创立了一个狂热爱好者的帝国，以帮助他的客户提高销售效率；比奇作为比奇飞机公司的创始人和首席执行官，实现了航空娱乐的商业化。然而，最终，不管怎样，都会有数量众多的人信任他们。我曾与史蒂夫·乔布斯一起工作，周围人没有谁认为改变世界是一件简单的事情。但这并不重要，我们都全身心地参与其中。

然而，并不是所有的个人崇拜式传教士型公司都由具有超凡魅力的领导者来掌舵。有时，产品起到了个人崇拜的作用，例如，Philz Coffee，一家经营手工咖啡的连锁公司，因为其多样化的、风格各异的口味，在湾区那些喜爱咖啡饮品的顾客中掀起了一股追捧热潮。Philz Coffee 的创始人，菲尔·贾贝和他的儿子、公司首席执行官雅各布·贾贝，通过改良咖啡冲调方法，由专业咖啡师亲自为客人调制咖啡等服务，激发出了一种对咖啡文化的狂热追求。改良的方法、满意的服务，加上年轻的总裁小贾贝提出的"让人们生活更美好"的公司使命，这一切或许会让人们认为这家公司应该是一家母亲型公司，而实际上它并不是母亲型公司。（对于初次品尝咖啡的人，它从不提供意大利浓缩咖啡。）实际上，贾贝最大的动机是要慢慢改变人们喝咖啡的行为。

再举一个将产品作为个人崇拜的例子：蒂芙尼，这家创办于 1837 年的珠宝公司，以装扮全世界女性而闻名。它做了一件让人吃惊的事情，即通过公司的 DNA 来促销产品，结果使得有公司标志的"蓝色小盒"成了喜悦的代名词。

在这三种类型的公司中，传教士型与其他两种 DNA 类型在很大程度上有重合，这就是为什么你会发现像苹果、特斯拉和 Salesforce 这些属于"明日之星"的公司，其领导者也属于感召力十足的魅力型领袖（我这里提到的苹果，指的是乔布斯领导的苹果）。具有成功概念的公司领导者通常是一些智力超群的人，但他们并不一定都具有超凡魅力和感召力。因此，尽管许多概念公司由个人崇拜式领袖掌管大权，但并不需要超凡的个性，它们所需要的是热情、愿景和改变人类行为的动机。

少即是多

核心 DNA 以及相应的基因类型有利于缩小定位选择的范围，同时，公司的定位符合其个性特征。这相当于买一赠一！当你了解公司的基因构成和 DNA "序列"时，便会有成百上千种（甚至上百万种）方式帮助公司完成产品和服务的定位：适合儿童的无麸质食品快餐，热敏茶壶同样也可以煮咖啡，专为极限滑雪者设计的冒险旅行，专为通勤人员服务的小型飞机，等等。事实证明，就市场营销的成功而言，限制了选择范围的定位，意味着营销已然成功过半。生活中的许多事情也是如此，限制了选择范围，反而更容易成功。从理论上来说，有大量的选择项目和选择范围是很让人高兴的事，但实际上太多的选择反而会让人茫然而不知所措。研究表明，特别是在美国，人们有这样的一种认识，那就是如果选项太多，往往会导致人们的麻木。美国社会心理学家巴里·施瓦茨在《选择的悖论》（*The Paradox of Choice: Why More Is Less*）一书中，对"选择越多，自由越多，最终幸福越多"这一观点提出了挑战，他认为，过多的选择反而会引发焦虑的增加、时间的浪费，甚至还会导致抑郁。

施瓦茨的研究得到了哥伦比亚大学工商管理研究生院教授、《选择的艺术》的作者、心理学家席娜·艾扬格，以及斯坦福大学社会心理学教授马克·莱佩尔两位教授的支持与认可。他们曾经做过一个非常著名的消费者心理实验，该实验被称为"果酱研究"，实验表明，向购买者提供较少的选择，会导致销量上升。他们发现，如果货架上果酱的种类从 24 种减少至 6 种，顾客购买果酱的可能性会是原来的 10 倍。研究表明，60% 的顾客会被吸引到摆着更多果酱的货架旁，但只有 3% 的顾客在平均品尝了两种果酱后就会选择购买。然而，如果货架上的果酱品种较少，他们在品尝完果酱之后（这些购买者同样也会平均品尝两种果酱），30% 的人会选择购买。

研究者们还将"果酱研究"复制到了其他许多不同的领域范围，如巧克力、金融服务、快速配对和论文写作等。在所有案例中，当可供选择的数量有限时，研究的参与者对其选择更加满意（在论文案例中，则是完成了一份更好的作品）。除了需要更多的时间和精力以外，当人们面对更多的选择时（也就是众所周知的选择超载），可能会导致心理负担，还会出现由错误选择而引起的焦虑，或者产生一种潜在的遗憾或负疚。然而，多余选择的去除带来的主导性情绪反应是一种解脱，而不是因选择过多而导致的失望或那种可怕的错失恐惧症（fear of missing out）。我对客户说，这就像是在一次重要会议前，你来到衣橱前，打开衣橱，发现可以选择的衬衫只有四件，而不是 100 件。（如果更理想的话，这四件衬衫的颜色恰好是你喜欢的颜色。）选择到底穿哪一件一下子变得简单了许多。当选择有限时，人们会更容易做出决策，而且做出的决策会因选择相对简单而变得更加理想。因为你不会受到诸如以下情形的影响："我已经一年没穿这件衬衫了""我有三件黑色的衬衫，我应该换别的了""这件衬衫被压在了衣橱底下，我一个月都没看到它了，今天应该穿一次"。

定位也会有同样的问题。要考虑的因素越多，越难做选择，导致优柔寡断，很难有好的结果。过多的因素还会使得定位说明成为"无所不包"的杂货铺，缺少明确与清晰的目标，也很难与公司的战略协调匹配。这会导致那种让人恐惧的、"尽善尽美"（all things to all people）式的定位，如"我们的产品首先要为 A 市场完成 X、Y 和 Z 工作，提高 B 市场在 X 方面的绩效表现，同时，还需要为 C 市场开拓 Y 领域的工作"。这样的定位让人茫然而不知所措，结果是无所不包，又不知所云。

通过你所了解的 DNA 和基因类型，向外面的世界展示、说明自己公司品牌的基因特性，并不意味着你所在公司的其他属性就会因此而消失（还记得注重客户体验的苹果电脑的界面和服务吧），只不过这些属性隐藏到了幕后，没有表现出来而已。例如，我的眼睛是绿色的，但在我的背景之中，还有棕色和蓝色眼睛的 DNA。这并不意味着棕色眼睛的 DNA 已经消失，也不意味着蓝色眼睛的 DNA 已经消失．事实上，我的孩子们有人可能会长着棕色或蓝色的眼睛。这只是说明绿色仅仅是我的眼睛所表现出来的那种颜色。我的个性也是如此，有的表现出来了，有的没有表现出来。例如，很多人认为我是一个脾气随和的人，但这并不意味着我不会和任何人闹别扭。只不过这些"不好相处"的特征偶尔会显露出来，而在大多数时候，它们都隐藏在幕后而没有展露在人们面前。

我们在本章中所提到的迪士尼，也为我们提供了类似的例证。众所周知，该公司是一家注重客户体验的公司（公司的品牌主张是"让记忆从这里开始"），但这并不意味着它不会提供一些让人叹为观止的好产品。肯定会的。问问那些身上穿着与影片《美女与野兽》的女主人公巴莉同款服装的小女孩，问问那些手里握着《星球大战》中

BB-8 型机器人或手持激光剑的小孩，你就会知道，尽管这些产品为公司带来了很多盈利，但它们只是迪士尼公司 DNA 的一部分，而客户体验则是公司占绝对优势的特性，是公司表现出来的显性特征，也就是最能表达公司身份特征的东西。其他特性都隐藏于幕后，默默支持这些占绝对优势的 DNA。

从众多的基因表述中找出特定的基因，对高层管理者来说接受起来可能会有点儿难度，因为他们长期受到这样一种观念的影响，那就是寻求一种满足所有人的所有需求的产品还是很有价值的。我就遇到过一位首席执行官（我们就叫他查尔斯吧），他所在的是一家资金充足、发展前景良好的传教士型新公司。该公司一直关注的是如何增加产品线，如何吸引更多的客户，查尔斯本人也一直在寻找新的方法来探讨其公司的发展问题。他怀着一种开放的心态和积极进取的精神来探讨企业的发展。于是，基于 DNA 的定位理念深深地吸引了他，因此，我们会谈结束后不久，他便迫不及待地约见他的风险投资人（VC），分享了我的理论。然而，他的这位风险投资人并不买账。他告诉查尔斯，作为初创企业的首席执行官，他不能只关注一种 DNA 类型。而不关注其他 DNA 类型。相反，他必须能够做到一边走路，一边嚼口香糖，也就是说，要寻求一种满足所有人的所有需求的产品。但问题是：满足所有人的所有需求不是一件容易的事情，更有甚者，这是有悖于定位原理的。成功的定位说的是如何牺牲，具体地说是如何规范这种牺牲。成功的风险投资却恰恰相反，它们关注的是如何找到一位充满激情的创始人，如何及时填补产品市场的需求，以及如何确定资源（比如寻找市场定位），将理念转变成商业。

斯波克与柯克：阴与阳

通过发现公司 DNA 并使其与营销目标相匹配，以此来限定选择的项目和范围，是一项非常有意义的活动，特别是对那些喜欢逻辑思维的人来说，更是大有帮助。限定选择能够让人从漫无目的的讨论中解脱出来，进而牢牢地扎根于现实之中。在硅谷度过了职业生涯中的许多岁月后，我慢慢认识到，当你与技术公司打交道时，特别是与工程师们交往时，你需要一种以逻辑为基础的方法。

正如前面所提到的，我是《星际迷航》的超级粉丝，因此我常常在商业领域中引用《星际迷航》的主角斯波克和柯克。实际上，我最初开发出 DNA 方法的框架模型就是从斯波克与柯克的角度来考虑问题的。在十多年前，我遇到了来自一家需要进行全新定位的工程师型公司客户的挑战。这家公司主要由技术类员工构成，他们都是那种百分之百关注工程的人。公司首席执行官刚从一家私募基金公司过来，对公司的业务了解不多。在和公司领导团队的第一次会谈时，我向他们简单介绍了我们公司的工作方法：我们要先对公司和市场做一番彻底的调查，然后再提出定位说明，而后续如何进行产品销售方面的工作，则需要以定位说明为基础。当我看到他们一脸怀疑的表情时，我马上明白，我通常使用的"神奇"的方法，即在现场从我脑海里蹦出完全成型的思想，或者走进"广告狂人"的魔幻小屋，然后展示一个可以针对媒体发布的活动方案，都不会起作用——不管这些方法将会多么出色。继续我的《星际迷航》类比，我不会凭借诸如"柯克"那样的情感和勇气在营销战略上赢得他们的信赖。那位来自私募基金公司的首席执行官和他的"斯波克"团队，很少会对魔术感兴趣，他们想去看的是幕后的真相。

我意识到，如果我想让他们明白我说的话（而这样才能赢得客户），我必须得说他们的语言。首先，我需要基于他们的语言构建一个沟通的基础。我花了一个周末的时间对我所了解的定位进行了分析，并且用编纂法典的形式绘制出我的体系（这是我以前从未正式定义过的）：一个核心 DNA 的观点、两个战略性的方向或者基因类型。

从本质上来说，我推翻了自己的流程。星期一，当我再一次走进公司的办公室时，我一步一步地向他们的管理团队展示我们的框架模型，告诉他们，我们将如何与他们一起来定位公司，具体流程包括：首先确定公司的 DNA 类型，然后形成恰如其分的定位说明，并且该定位说明一定要清楚地说明公司独特的作用和价值。

他们的反应非常迅速，他们认为："这太有意义啦！"就这样，我们一起离开办公室，马上进入了工作状态。我根本不用告诉他们应该去哪里，我们会共同来绘制地图。我与客户的关系也立刻发生了转变，从礼貌地怀疑转为积极地合作。就在那时，我明白了，要制定营销战略，提交一个结构化的、概念性的方法是"到达啊哈"的第一步。

并不是只有"斯波克"的世界才这样，大多数人喜欢成体系的框架模型。事实上，许多人需要一个框架模型。尽管与《广告狂人》的"文化恋情"持续了 8 年之久，但我发现人们对那些躲在咖啡馆里创造出来的概念往往持怀疑态度。在他们看来，这些骗子躲了一周或两周后，突然冒出来，然后得意扬扬地宣布："嗒嗒！给你，这可是出自上帝之口的营销计划。"

什么是头等大事

为什么找到公司的 DNA 如此重要？公司如何表达自己真的是头等大事吗？难道这仅仅是营销的事吗？产品应该自我销售，对吗？

事实上，这确实是头等大事。从竞争优势来看，DNA 是一切事物的根本。我们可以想象专业运动员，他们的 DNA 会对他们的行为表现有着怎样的影响。营销应该反映的是公司的本质，而不是由营销部门凭空想象出来的形象。例如，如果以产品为导向的公司创造了一个以顾客为中心的营销平台，那么这项营销活动可能永远都不会有好的结果，因为匹配才是硬道理。

我们咨询公司面临过这样一种困境：一家工程师型公司想着像母亲型公司那样去吸引市场。该公司以前聘请了一家品牌策划机构，为公司设计了品牌主张和公司网站，以富有吸引力、贴近顾客的语言来制作广告用语。然而，它没有取得成功，其中一个原因是这家公司的DNA 里不存在以顾客为中心的成分；另外一个原因是品牌策划机构给公司的咨询意见是把这家公司的 DNA 从工程师型变成母亲型。（我们在本书的后面还会讲到，这并非易事。）如果这家品牌策划机构多下点儿功夫对客户有更多了解的话，那么有可能会引导公司沿着公司的战略方向前行，而不是试图改变公司的 DNA 类型。

实际上，如果只为取悦客户而偏离了重心，可能会导致更多的定位之痛。这里还有一个哲学信仰问题，那就是所有公司都必须是以顾客为中心的，我称之为"顾客中心难题"。以顾客为中心是一个流行趋势，这也导致了一些公司在做某些事情时偏离了它们的 DNA，而如果公司所做的这些工作失控的话，所谓的以顾客为中心就只能是昙花一现，不会有持久的效果和作用。看到这样的结果并不太难。毕竟取悦客户、以顾客为中心、倾听客户的心声等，听起来很温馨，实际上却很缥缈。谁又不会这样做呢？

尽管如此，如果你就是一家以产品为中心的公司（比如一家工程师型公司），你还想以同等的努力以顾客为中心，那么这是与公司的长期成功背道而驰的。当然，这并不意味着公司会忽视顾客的需求，只不过公司最主要的目标应该是关注产品，而不是将注意力偏向其他地方。做自己所擅长的事情，专注于自己的优势领域。如果公司的基因不是以顾客为中心，那么在为顾客提供服务时，一定不要鬼迷心窍地对顾客俯首帖耳。

我们曾经服务过一家工程师型公司。这家工程师型公司的首席执行官是一个个性很强的人，他特别看重准确性和完美度，并在市场中保持一种静水潜流的切入方式。他是一个非常严肃认真、目标明确的人，整个公司也秉持着这样一种做事态度，公司的品牌诉求和他本人完全一致。当一家品牌策划机构建议该公司用一种轻松、幽默的视频来介绍公司时，所有人都感觉效果平平。为什么？因为这家品牌策划机构根本不了解该公司的DNA，当然也不了解首席执行官的个性特点和做事风格。

再举一个有趣的例子，有一家品牌策划机构竭尽全力为客户公司策划了一场客户活动，它服务的客户是一家经营安全软件、专注于物联网产品的B2B公司。品牌策划机构兴奋地推出了下面的活动——"让你的东西安全"。毫无疑问，这句话有些调皮，也很幽默，但这与客户公司的战略或个性并不匹配。毋庸置疑，该活动也只能胎死腹中。

就像我自己一样，我曾努力想成为一名芭蕾舞演员，直到我自己都无法忍受了，我才知道我不会成为芭蕾舞演员。因为我没有这方面的DNA。然而，我能够成为一名出色的壁球运动员，这才是我能够应对之事。

核心DNA对人而言至关重要，对公司而言也同样如此，我们要学会很好地利用它们。

第3章

DNA 测试

你所在的公司属于什么类型？你所在公司的主要特色和个性特征是什么？简而言之，你所在公司的 DNA 是什么？

我们在本书的开始曾经提到，确定一家公司在营销领域的准确定位，充当着联结商业战略和向外部世界展示自己形象的桥梁作用。也就是说，搞清公司的 DNA 是至关重要的，因为 DNA 构成是识别公司在市场上独特的作用和价值的最关键因素，而这些独特的作用和价值就是公司的竞争优势。我们在本书的第 4 章中也会看到，还有其他几个要素可以用来确定公司在市场中的定位，这些要素与最主要的 DNA 类型一起，决定着公司能否获胜。但是公司总是会围绕选择基因演变的核心来构建选择定位的框架模型。

幸运的是，发现公司 DNA 的方法通常充满了乐趣。事实上，大多数人非常喜欢发现公司 DNA 这样的活动。该活动就像是研究迈尔斯－布瑞格斯（Myers-Briggs）性格问卷调查一样，通过调查构建出人格个性分析图，如某人是 ESTJ 型（管家型人格），或者是 INFP 型

（调停者人格）。通过人格分析，你为他们打开了大门，让他们知道自己是什么样的人，而且他们喜欢这项活动，因为他们乐意了解自己，乐意知道他们属于哪类人，这可以帮助他们了解自己的身份特征，并且解释他们的行为。他们非常喜欢这种独特的归属感。这不正是营销应该去做的事情吗？这是不是能够让公司了解其在市场上所属的领域？是不是能够让它们以一种差异化的方式找到自己所属的领域？

或者至少说，他们对自我了解这一理念极为喜欢。以下就是我们在工作过程中经常遇到的问题：人们总是说他们早已对公司的DNA了如指掌，有时，他们说得对，但在大多数情况下，他们是错的。他们做的第一件事情是锁定DNA类型，而这正是他们渴望的类型，也是他们自认为很酷的类型。这其实是不了解自己。就像我自己一样，我也想成为一名芭蕾舞演员，我也想让自己又高又瘦，但是自己想成为瘦高个儿的想法和实际完全不是一回事。进一步来讲，假如我非得穿成瘦高个儿的样子，并且参加瘦高个儿的运动（如篮球或跳高），那么，我极有可能会被人们当成傻瓜，并且以痛苦的失败而告终。

公司和人一样，没有太多的差别，想成为什么样的公司是一回事，而实际能成为什么样的公司则是另一回事，因为公司最终还得由人去经营运作。举例来说，我和我的团队与一家技术公司进行座谈，我向该公司的管理团队解释了公司的类型以及不同类型所具有的不同特征后，他们频频点头，告诉我们："噢，这很简单，我们就是一家传教士型公司。"或者他们曾读过许多有关客户关系的书，书中说客户服务是成功的关键，于是，他们的头脑里便形成了一种观点——要成为母亲型公司。然而，当我们再深入地探访下去时，我们会发现，他们的公司既不是传教士型公司，也不是母亲型公司，实际上，他们的公司是一家工程师型公司。因为他们公司组织结构的构成方式、员工招聘的方式、员工薪酬福利的设计方式以及衡量成功的方式，都告诉我们：这是一家工程师型公司。希望自己的公司成为什么样的公司，坚信自己的公司是什么样的公司，或者历经千辛万苦来证明自己的想法是对的，这一切都不能改变这样一个事实——公司的 DNA 早已清晰地将其界定为一家工程师型公司。所以，如果像母亲型或传教士型公司那样经营运作根本不可行，因为这不符合实际。

连史蒂夫·乔布斯在早期也犯过同样的错误，他当时告诉我，他想"把母亲装入每个盒子里"，这句话的意思是说，当客户一打开苹果公司的产品时，便可以感受到一种被人照顾的舒服与幸福。也许乔布斯最初的想法就是要把苹果公司打造成一家关注客户体验的母亲型公司，但是它与生俱来的那种彻底改变现状的动力——革命性的创新以及对人类行为的改变，使自己永远不可能停留在以顾客为中心的阶段。因此，史蒂夫本人，加上他超强的个人魅力，创造了苹果公司作为传教士型公司的特征，其意义远比作为一家母亲型公司要重大得多。因为，它彻底颠覆了计算机和音乐这两个行业，改变了我们对计算机的使用认知和预期，也改变了我们收听音乐的方式。感谢史蒂夫·乔布斯，苹果公司不断向我们推出"明日之星"产品，与这些"明日之星"相伴而来的是围绕乔布斯本人及其产品而形成的一种个人崇拜。

说实话，在我们所服务过的公司中传教士型公司很少，但这并不能阻挡人们朝着那个方向努力的激情，特别是在高科技领域，几乎所有公司都想成为下一个苹果公司或字母表公司，担负起改变世界的使命。我们应该注意的地方，就是 DNA 类型本没有好坏之分，你应该是什么类型就是什么类型。就像人们在生活中那样，一个人有什么样的天赋就做什么样的工作，这样才能使每个人都与众不同。简单地说，了解自己的 DNA 类型并且与自己的行为相匹配，会让你成为更好的自己。

在本章的最后，有一个基因类型测试，人们看了这个测试结果后，也许会说："嗯，我们想成为大胆的改革者，因此我们不可能是工程师型公司。"或者会说："我们很清楚我们是母亲型公司，但这根本不是我们所想成为的，如果我们要去做颠覆市场的工作，那么我们应该成为一家传教士型公司。"

不！不！不！

你完全可以以母亲型公司的身份在市场中占有重要地位，你也可以以工程师型公司的身份成为一个大胆的改革者，同样，你可以以这三种 DNA 类型中的任何一种去颠覆市场并且创造出新品类。问题的关键是你应该根据 DNA 的实际情况来定位自己的公司。创造一个新品类、打破当前竞争格局或者寻找全新的做事方式，这些决定都是在 DNA 类型之外独立存在的。但是了解了公司的 DNA 类型并且根据公司的禀赋而不违背公司的天性去行事，就会使得那些"宏伟的、大胆的、冒险的目标"更容易实现。

可以看一下克莱顿·克里斯坦森的颠覆性创新理论，他在《创新者的窘境》一书中使用过该术语。根据克莱顿·克里斯坦森学院的研究，该理论认为，"有这样一种现象，面对复杂和高成本的现状，通过引入简单、方便、可行和能够支付的革新，就能够改变现有市场的表现。颠覆性创新最初是在利基市场中出现的，它的出现可能并没有引起行业领军者的关注或根本没受到他们的重视，但这些新产品或新观点最终完全颠覆了这个行业领域"。再举几个颠覆性创新的例子，如个人计算机（颠覆了大型计算机和迷你计算机）、社群学院（颠覆了四年制的本科学院）、折扣零售商（颠覆了提供全方位服务的百货商店）、零售诊所（颠覆了传统的医生诊所）和移动电话（颠覆了有线电话通信）。

需要记住的重点是，颠覆性，也就是众所周知的"更好、更快、更便宜"，可以出自任何类型的公司。毫无疑问，工程师型公司对商品价格的高度重视可能会给它们带来比在位企业更大的优势。本·汤普森在 Stratechery 博客中，围绕公司如何瞄准竞争对手的价格发力，进而进入并最终赢得市场，为我们打开了可以一窥究竟的窗口。他写道："新的市场进入者开始时非常卑微渺小，但它价格便宜，专为市场中的新客户提供服务；后来，这家小公司变得更好了，它开始从在位企业手中偷走它们的潜在客户；再后来，这家小公司变得越来越好，并且更有规模了，它又开始悄悄挖走那些对价格比较敏感的在位企业的客户。最后，这家新公司变得越来越强大，然而依然保持着价格上的优势，最终，原先的在位企业走向了灭亡。"

尽一切可能成为下一个苹果公司或字母表公司。一定要记住，不一定非得成为一家传教士型公司去支配或颠覆某个市场。相反，可以成为下一个 Facebook 这样的母亲型公司。该公司从成立到现在，已经有数十年了，它不仅在社交网络领域创造了一个巨大的里程碑式的奇迹，而且为股东带来了巨额的资本价值。或者可以成为下一个调查猴子。这是一家工程师型公司，在软件行业中开辟了新道路，创造了"免费使用"软件的商业新模式。即便你的公司不是一家传教士型公司，也依然可以做一个创新者，可以特立独行，还可以成为行业的先驱。但无论是成为创新者、特立独立者或者行业先驱，因每家公司的 DNA 各不相同，其所采取的方法也完全不同。

对许多人来说，要想在不具备天资的情况下完成一些事情的确有些不同寻常。这就是我们会染头发、会整理衣柜扔掉不合身的衣服，或者说会改变职业或专业的原因。我的 DNA 没有让我拥有满头金发，但理发师可以帮我做到，这当然不错，个人 DNA 做不到的通过其他方法做到了，这的确是令人非常开心的事情。但对公司来说，它们的 DNA 无法像人们染发那样能够轻而易举地改变。也就是说，公司的 DNA 是不容易被改变的，如果公司的营销计划并不是按照公司的 DNA 来制定与实施的，那么，它们向世界展示自己最好的一面将变得更加困难，而且极有可能导致失败。

举例来说，假如我想创建一家全新的航空公司，而且我的这家航空公司要超过其他所有航空公司所取得的成就。（需要指出的是，创办航空公司具有极大的挑战，而且费用极高，但从基本层面来说，如果按照 DNA 的图解说明，还是会有很好的效果的。）如果我是一个关注技术的工程师，我可能会在座椅设计和分销流程中增加机器学习的内容，进而通过实施最前沿的计算方法，以便全力以赴地实现颠覆性的库存管理方法。对我来说，整个问题都是围绕着我能用什么样的技术来提高库存效率，实现更加科学、合理的定价，最终让我的航空公司出类拔萃。为什么？因为我的工程师型 DNA 告诉我，产品必须放在第一位，而且在这种情况下，我要在库存上下功夫，以确保在解决其他事情之前，首先解决产品的供应与需求问题。当我完成这些事情以后，供应链也将得到完善，而且我们会特别关注这个问题。如果客户在我的飞机上感觉不是那么舒服，或者如果我要花些时间去了解一下市场，这些都很正常，因为对我来说，最重要的事是产品一定要完全按照我的要求去做，而且价格要因此而尽可能低，至于客户体验可以放在其次。在本案例中，带给客户的利益优势体现在节省成本上而不是体验上。我们可以再来了解一下人民捷运航空公司（People Express Airlines，简称 PEOPLEExpress）。这家公司创办于 1981 年，采用的是廉价的航空运营模式，重点关注的是运营系统而不是客户。该公司的定位主要以产品价格为基础，也就是廉价的航空旅行。像其他许多航空公司一样，人民捷运航空公司并没有在航空商业领域凭借其成本优势生存下来。1987 年，它被美国大陆航空公司收购。但它确实为航空业带来了一种工程师型公司的巨大冲击。

如果我们公司的 DNA 是母亲型，那么我将改变那些优先顺序。我会在产品端做出一些牺牲，比如在改进座椅设计和库存控制上做出些牺牲，确保我与客户的关系神圣而不可侵犯。作为母亲型公司，我公司的目标仍然是要去颠覆、瓦解竞争对手，但我会从旅客的角度去颠覆和瓦解，比如通过检修机舱和审核自己的服务结构来迎合旅客的个性化体验，让顾客愿意为此买单。我主要关心的是，确保我所设计的一切都以最低的成本来提升旅客的飞行体验。维珍就是一个很好的例子。他们找到了一种方法，这种方法能够让平凡的、面向客户的体验变得富有吸引力且使客户兴趣盎然。公司首席执行官弗莱德·雷德将航空公司定位为以客户体验为主的母亲型公司。在弗莱德·雷德的管理下，在飞机上订购食物变得很酷，坐在"精选客舱"里那么让人满意，走进飞机就像进了休息室一样安心、舒适。突然之间，对于是否选择维珍，客户开始大量点击"喜欢"。

如果我是一个传教士型的人，那么我的观点又完全是另外一回事了。我会说："你知道什么？人们可能不喜欢我最初所做的那些供应链管理的工作，旅客们也可能会觉得座位空间有一些狭窄局促，但这没有什么关系，我不在意，因为我要做的是让市场大开眼界、叹为观止。我所做的是要去改变飞行行为，我们的飞机所用的合成燃料使旅客从旧金山飞到悉尼只需要六个小时，当人们看到我们这一革命性的计划时，他们会认识到，没有我们的飞机，他们简直无法生活。我就知道他们肯定离不开我们！"虽然我们还没有看到这样的航空公司，但是第一个使用无人驾驶飞机运送乘客的人可能就是想改造整个航空业，创造未来的"明日之星"。

上面所提到的三种情形，都是假设我在创建一个全新的航空公司，每一种情形都可能会颠覆或干扰市场，甚至可能会改变社会对航空旅行的看法。但我在决策过程中所运用的方法，也就是我的精力和资源如何使用、用在哪里，完全基于公司的 DNA 予以考虑。

全部观点是，当你知道你的公司是什么样的公司时，你就开始意识到 DNA 不仅仅是用来营销的一种方法：DNA 就是营销的核心所在。你所在公司的 DNA 结构意味着你会倾向于选择某种做事的方法。如果你要在改变行为、保障客户利益和抢先拥有技术三个方面做出决策选择，那么在每一次的决策选择中，你会选择哪一个选项？在你的横向和纵向商业活动中，你会选择三个之中的哪一个？你的招聘决策会不会受它们的影响？你的薪酬决定会不会受它们的影响？你的产品设计和公司发展路线决策会不会受它们的影响？仔细观察，你通常会看到有一条共同的线贯穿于公司所做的每一件事中，这一切都归结于公司的DNA：你的公司究竟是一家母亲型公司，还是一家工程师型公司，抑或是一家传教士型公司。

最后一个观点：如果你的公司是一家传教士型航空公司，这并不意味着你会忽略产品或客户体验。实际上远非如此，正如第2章所列举的事例那样，查尔斯和为他提供咨询建议的高层管理团队忽视了基于DNA的定位，而试图面向所有人满足其所有要求，结果导致失败。这仅仅意味着你向世界所展示的形象反映了你公司的传教士型DNA，并且强调了其主导特质。当然，高质量的产品和可接受的经验是至关重要的，你必须要一边走路一边嚼口香糖，也就是必须要同时关注这些因素。但是差异性并不基于这些特质，差异性源于传教士型DNA。

协调匹配，协调匹配，协调匹配

你怎样才能避免犯错误？你如何避免自己不是一家母亲型公司反而给自己贴上一个母亲型的标签？这很简单，首先让管理团队的每个成员都采用下面的DNA测试，然后把大家聚在一起，花点儿时间和精力，采用"斯波克式"的方法来看待问题的答案和你所在的公司。虽然营销的最终目标是对公司的形象特征形成一种"柯克式"的情感反应，比如耐克公司的"Just Do It"吸引着有雄心壮志的运动员，而不管他们是要穿着耐克跑鞋去挑战复杂的地形，还是走在超市的走廊中；苹果公司的"非同凡想"广告则迎合了我们想成为特立独行的人的真实想法。公司了解自己的第一步必须全部采取"斯波克式"的行为，即对公司的核心DNA进行逻辑分析。

因此，不管对哪家公司，我都有一个硬性规定，那就是高层管理团队的每一位成员都必须参加DNA活动。一定要记住，决定公司

DNA 类型，然后确定一个富有竞争性的定位，不应该只由营销总监负责、只有营销部门参与营销活动，绝对不是这样。为公司找出准确而独特的市场定位，而且这一理想的市场定位要反映公司的经营策略。因此，定位活动不应该在真空中进行。这就意味着从首席执行官到首席财务官，到首席技术官以及人力资源总监，每个人都应该一起针对他们在测试中得出的答案展开讨论。这些答案可以作为一个灵活而有效的指标，去检测领导团队的观点与愿景是否和公司的观点与愿景协调匹配。毕竟，首先要知道哪里不匹配，其次才能做到匹配。（事实上，领导团队需要持续不断地参与整个定位工作。）

团队凝聚力是公司"到达啊哈"的第一步，也是成功实施公司战略和营销战略的第一步，因为如果高层管理团队内部不能协调匹配，整个公司便不可能协调匹配，对外部世界而言，更是无法达成一致。因此，每个人都单独参加测试，然后将所有人的答案汇集在一起，看看这些答案是怎么排列的，哪些地方没有列出来，哪些地方会有一些意外的发现。这样做是非常有效的，而且给了你机会去了解结果，然后说："嗯？这个是谁回答的？这里发生了什么？为什么？"最终，这就为达成一致提供了讨论基础，而这种一致性是所有公司都需要的，但往往很少有公司能够达成一致。

DNA 测试

下面这 12 个问题将帮助你识别公司的 DNA。迄今为止，从你所读过的内容中，你可能已经知道 DNA 是什么了。如果是这样，你就一定要尽可能把对公司已有的成见放在一边，先参加测试。一定要记住，一家公司要对自己的 DNA 有充分的认识并不容易，在仔细观察之后你会发现，它看待自己的方式和它真正的本质是截然不同的。

记住，该调查并不是你希望对你的公司来说什么是真的，而是你认为什么是真的。不要过度思考，对每个问题只选择一项你认为最符合自己公司现状的即可。

1. 下面的陈述中哪一个能最好地说明你所在公司是做什么的？

A. 我们解决了一个有价值的客户需求，而且做得比任何人都好

B. 我们通过一个伟大的价值主张，打造了一个真正差异化的产品

C. 我们要去改变一些事情，我们的目标是改变世界

2. 想一下你公司最重视的成就是什么。你认为下面三个重要成就中的哪一个是你公司最看重的？

A. 与客户关系的质量和价值

B. 销售收入的增长和产品的认可

C. 引发一场运动来改变了人们的思想和行为

3. 你认为在以下三种创新类型中，你所在的公司最可能出现哪一种？

A. 由外向内：怎样提升客户或客户群体的体验或更好地解决客户或客户群体的需求

B. 由内向外：怎样才能更好、更快、更便宜

C. 寻找出路：在这个领域之外还有什么？下一个大胆的想法是什么

4. 以下哪一个选项更好地描述了你所在公司的典型的定价策略？

A. 基于产品的使用或服务的定价策略

B. 基于价值或成本加一定费用的定价策略

C. 基于免费增值或梦寐以求式的定价策略

5. 有人给了你1美元，你要将这1美元花在营销上。下面这三个项目，你所在的公司最有可能在哪一个项目上花费这1美元？

亲型公司。

- 如果你的答案中 B 占多数，那么你的公司是工程师型公司。
- 如果你的答案中 C 占多数，那么你的公司是传教士型公司。

如果管理团队紧密团结、步调一致的话，你们的答案应该是相当一致的。例如，如果有八个答案指出你们公司是一家母亲型公司，那么你们很可能真的是一家母亲型公司，但同时在主要的基因背景下多少带着一点儿工程师型 DNA 或传教士型 DNA。现在，你知道了你所在公司的 DNA 类型，可以开始专注于识别或确定你的基因类型了，这是公司 DNA 分析的下一步，它将使你越来越接近于你所追求的"啊哈"定位。但是，在定位之前，花点儿时间来看看你的结果，消除公司团队成员观点上的分歧，搞清楚公司这么做的主要原因。作为一个团队，公司的凝聚力越强，其整体的一致性就越强，最终的信息也就越统一。当然，如果这项小测试激起了一些极端的情绪，也不用大惊小怪。将这些不和谐的问题摆在桌面上，认真分析，最终确定到底在哪些地方存在差异与分歧。此时，不仅是打造管理团队凝聚力的好时机，而且会使营销工作变得更容易。

然而，当你的答案不那么明确时，你该怎么做呢？许多公司对其小组结果进行了统计，甚至经过了广泛的讨论，然后发现自己同时有两种 DNA，而且这两种 DNA 表现各占一半。尽管乍一看来，似乎问题很棘手，但其实并非如此。正如我的一双绿色眼睛告诉你，在我的 DNA 背景中，存在着棕色眼睛和蓝色眼睛的基因遗传物质。公司也一样，有些公司是两种不同基因类型的混合体。一旦清楚了这一点，就得由管理团队来决定哪种基因类型是向外传递的个性特征。当管理团队做出决定后，他们中支持其他 DNA 类型的人就必须放弃其心中的 DNA 类型，授受绝大多数人认同的 DNA 类型。举例来说，我和鲁毅智共事过，当时，他是摩托罗拉半导体部的总经理，后来，又担任美国 AMD 半导体公司的首席执行官。他有着自己的管理、处世哲学，我将它称为鲁毅智原理，该原理指出："我们打造团队凝聚力的方法是，让管理团队成员中 60% 的人赞同公司的发展方向，让 100% 的人朝着这个既定方向努力。"这就是鼓励团队和谐一致的领导类型。

不要忘记，你公司的 DNA 背景并不会消失。实际上，它可能会出现在你公司的产品或服务的某些方面，就像史蒂夫·乔布斯的决定一样，他认为苹果公司既要注重客户体验，又要具有概念上的突破创新，而这将成为支持公司主导 DNA 的一个支柱。最后，在所有的 DNA 类型之中，只能保留一种 DNA 类型和一种基因组合（战略方向），以减少团队摩擦，将内耗降到最低。

识别公司 DNA 背后的想法就是要避免将产品或服务置于一个与公司基因结构不匹配、不一致的竞争领域，从而使公司难以取得成功。毕竟，优秀的运动员要想在竞赛中获胜，就要让自己所拥有的核心能力得到最好的展示，而团队就要以他们的核心为核心，其他一切都要围绕这一核心去改进、提高。

假如针对团队的答案经过一番讨论之后，你依然发现你所在的公司还是牢牢地固定在工程师型和传教士型两种类型中：也许五个答案指向的是工程师型，五个指向的是传教士型，还有一个指向母亲型。对于你选择哪一种类型，这实际上给了你回旋的余地，但你最终必须运用鲁毅智原理来缓和紧张的局势。事实上，DNA 测试具有更多的诊断性质，而不是开处方。如果把自己当成工程师型来推销，可能会做得很好；相反，如果把自己当成传教士型，可能也会做得很好。前提是领导团队内部要达成共识，并且要拉拢、说服持不同意见的人，让他们与你们协调匹配。但是，如果你是因为花钱买了一些以客户为中心的宣传美文，然后决定要定位为母亲型，那么，你的营销活动就完全偏离你的 DNA 结构，这就是一个大问题了。如果你是一个身高 5.3 英尺⊖的大个子，你也想和 NBA 金州勇士队打篮球，这完全可以，

⊖　1 英尺 = 0.3048 米。

因为你具备了做一名球员的先天因素。

来看一下美国康卡斯特电信公司（简称康卡斯特）。这是一家注重产品特色的工程师型公司，公司的客户服务饱受诟病，如此臭名昭著的服务导致公司一直成为人们口中的笑料。然而，现在康卡斯特正在努力改变自己的形象。他们在正试图通过改造网站和发起全新的客户体验的广告活动来改变其 DNA。康卡斯特是不是一只披着羊皮的狼呢？它是否真的竭力成为客户眼中的以客户为中心的公司，是否只是通过服务语言和客户服务接触点的调整来改变自己的形象，而未对其核心 DNA 做出真正的改变？要回答上述问题，我们可以从以下角度来考虑：它是不是通过招聘更多的母亲型领导来改变公司的领导形象？它是不是已经改变了薪酬方案，而新的薪酬是否体现了客户优先计划？它是不是将净推荐值（net promoter score）作为衡量成功的标准？或者更有可能，它是不是只做表面文章来忽悠人？我们在第 7 章中将会看到，改变 DNA 并不容易，也需要花不少钱。因此，康卡斯特可以通过一个更加省钱而高效的方法来提升其公众形象，即不要再竭力打造母亲型公司的形象，而是通过营销（当然也是通过制造）比竞争对手更好的产品和产品特性，强调其工程师型的特色。这种努力将不再需要对客户服务的方式提出更多要求。

DNA 测试的结果会引导你选择正确的定位方法，即你所在公司是什么样的公司就选择什么样的定位。同时，它还会引导你摆脱那些与你所在公司不匹配的错误方法。举例来说，如果你所在公司是一个不偏不倚的传教士型公司，你现在也知道在市场上有两个方向可以选择：你既可以以"明日之星"为目标，也可以专注于个人崇拜式的基因类型打造。这两个方向与你所在公司的 DNA 相匹配，这样，你就可以不用再去重点关注其他方面了。然而，如果公司想在母亲型和传教士型两个类型中求得两全之策，你就要知道从现在开始，你唯一可以不用考虑的方向就是工程师型的两个基因类型，即产品价值式和产品特色式。当然，在这种情形下，只有在管理团队达成一致时，才能确定公司究竟应该以母亲型还是传教士型的面貌向世人展示。

不管是一个存在已久的老团队，还是一个刚成立的新团队，都永远不可能有机会让全部成员都赞同某一特定的 DNA 类型。因为新团队必须对每个成员选择的范围和类型进行评估，并且将鲁毅智原理应用于决定过程中，而该决定需要由首席执行官、团队的战略领导者做出：60% 的人同意，100% 的人买账。

对于最后一个问题，也就是关于回答测试是困难还是容易的问题，你的答案可以很好地说明你们领导团队是否协调统一。如果你发现你团队的观点恰好五五对分，也就是五人认为公司的 DNA 类型是母亲型，五人倾向于选择工程师型，而且十个人中有九个人说这个测试很难完成，那么这就是一个巨大的危险信号。如果你不知道如何单独回答，就更不用说一个群体该如何去回答了，因为你还要解决战略和沟通方面的大量问题。同样，如果测试对每个人来说都很容易，而且答案似乎很明显，但结果仍然是有分歧的，因为每个人会倾向于不同的 DNA 类型，这同样也是一个严重的问题。无论采用哪种方式，你都要清楚，作为一个管理团队，你们有很多事情要去讨论和处理。

另外，如果你的团队非常和谐统一（DNA 测试的答案也很明确）且大多数人觉得问题很容易回答，那么最后一个问题可以作为一个信心助推器，此时你就可以开始将注意力转移到如何推销公司的产品或服务上了。如果最高管理层是和谐一致的，但几乎每个人都说要经过一番斗争才能得出答案，对于这样的结果你也不用担忧。因为，这是一个好消息：一旦你的团队对 DNA 的认知是相同的，并且进行了基因类型测试，那么，如何对公司做出定位以获得最大的竞争优势这一最困难的决定实际上就已经成功翻过了。

基因类型测试

基因类型：母亲型——客户体验式

- 贵公司在客户体验方面是否有些疯狂迷恋？

  ▽ 是

  ▽ 否

- 贵公司是否渴望高净推荐值？

  ▽ 是

  ▽ 否

- 贵公司是否总在不停地谈论如何取悦客户？

  ▽ 是

  ▽ 否

- 贵公司是否会在大多数会议中讲一些有关于客户的故事？

  ▽ 是

  ▽ 否

如果你对以上四个问题的回答，至少有三个是肯定的话，那么你所在公司的基因类型就是母亲型——客户体验式。

基因类型：母亲型——客户细分式

- 贵公司是否专注于客户细分？

  ▽ 是

  ▽ 否

- 你能准确地说出你所在公司的客户细分市场吗？

  ▽ 能

  ▽ 不能

● 这些客户细分市场是否可以很容易地通过年龄、性别、工作、活动或强烈的愿望来加以识别？

　　▽ 是

　　▽ 否

● 贵公司对客户是否有任何亲切或独特的名称？

　　▽ 是

　　▽ 否

如果你对以上四个问题的回答，至少有三个是肯定的话，那么你所在公司的基因类型就是母亲型——客户细分式。

基因类型：工程师型——产品价值式

● 贵公司提供的是一种商业产品或服务吗？

　　▽ 是

　　▽ 否

● 贵公司是否特别注重信息发布方面的工作？

　　▽ 是

　　▽ 否

● 贵公司是否在推销自己的时候倾向于将自己宣传为某产品或服务的提供者，希望为所在行业提供稀有价值？

　　▽ 是

　　▽ 否

● 贵公司是否经常在管理层会议上将本公司的价格与竞争对手的价格相比较？

　　▽ 是

　　▽ 否

如果你对以上四个问题的回答，至少有三个是肯定的话，那么你所在公司的基因类型就是工程师型——产品价值式。

基因类型：工程师型——产品特色式

- 贵公司是否每年都会推出几种新的特色产品或服务，或者至少要进行大张旗鼓的宣传？

  ▽ 是

  ▽ 否

- 贵公司在管理层大会上是否会针对竞争特色比较的话题展开激烈讨论？

  ▽ 是

  ▽ 否

- 贵公司在发布消息时是否特别关注产品的复杂性问题？

  ▽ 是

  ▽ 否

- 贵公司是否参加针对产品或服务特性的第三方竞争测试？

  ▽ 是

  ▽ 否

如果你对以上四个问题的回答，至少有三个是肯定的话，那么你所在公司的基因类型就是工程师型——产品特色式。

基因类型：传教士型——明日之星式

- 贵公司是否正在改变市场人群的行为？

  ▽ 是

  ▽ 否

- 贵公司的产品或服务是否重新定义了一个行业或者创造了一个全新的行业？

  ▽ 是

▽ 否

● 贵公司的客户是否主要是那些"早期采用者"？

▽ 是

▽ 否

● 贵公司是否不喜欢市场调查？

▽ 是

▽ 否

如果你对以上四个问题的回答，至少有三个是肯定的话，那么你所在公司的基因类型就是传教士型——明日之星式。

基因类型：传教士型——个人崇拜式

● 贵公司是否拥有一位极富魅力的首席执行官或者拥有极具吸引力的产品？

▽ 是

▽ 否

● 来贵公司工作的员工是否将其作为一种生活方式的选择？

▽ 是

▽ 否

● 客户和行业影响者是否了解贵公司的企业文化并且能够定义企业文化？

▽ 是

▽ 否

● 文化匹配是公司招聘最主要的标准吗？

▽ 是

▽ 否

如果你对以上四个问题的回答，至少有三个是肯定的话，那么你所在公司的基因类型就是传教士型——个人崇拜式。

现在，你可以知道你所在的公司是一家有着工程师型——产品特色式基因类型的公司，或者是一家有着母亲型——客户体验式基因类型的公司，还是一家有着传教士型——个人崇拜式基因类型的公司了。重要的是，你已经很好地了解了你是谁、你是做什么的。现在，你可以将这些知识应用于定位工作的其他过程之中了。

第4章

定位的 6C 法则

　　尽管 DNA 类型是定位过程中影响最大的一个要素，但并不是唯一需要考虑的要素。在定位过程中，还要考虑其他要素，比如，环境要素就决定着公司在市场格局中的理想定位。我和我的团队在与客户合作开发公司定位策略时，通常会通过以下六个维度来仔细观察客户及客户所处的生态系统：核心（core，公司 DNA）、品类（category）、社群（community）、竞争（competition）、环境（context）和标准（criteria）（见图 4-1）。

　　任何有价值的营销活动都要考虑品类、社群、竞争和环境这几个要素。然而，本书列出的框架模型里还有两个全新的"C"模型，即排在前面的核心和排在后面的进行定位的标准。一旦公司的核心 DNA 被确认后，剩下的几个"C"的作用就是阐明公司 DNA 排列中所蕴含的机会。反过来，核心 DNA 也为准确地定位其他的"C"提供了指路明灯。从本质上来看，其他每一个"C"都受公司 DNA 的影响，反之亦然。在流程中添加标准可以帮助界定我们希望的定位工作所应包括的要素，并且可以在定位活动结束后给我们提供一个检查清单，以确保定位能够击中要害。

图 4-1　定位评估的框架模型

核心这一维度在第 3 章已经阐述过了，下面来介绍其他的五个"C"。

你所在的公司会被归入哪些类似的公司之中？

品类

你所在的公司在市场环境中的地位如何？你是否声明你的产品或服务归属于哪一特殊的品类？你所在的公司是否适合任何品类，或者说你们正在创建一个全新的品类吗？是否要重新定义现有的品类？不管你的目标是什么，你选择什么样的品类，你所在的公司就会置身于什么样的竞争环境中。同时，这也影响着你对自己即将进入的商业领域的理解。也就是说，你要知道谁是你的竞争对手。几乎每家营销咨询公司在准备营销计划时都会考虑品类的影响，而本书列出的框架模型是将品类作为一个多重战略决策的因素加以考量的。

毫无疑问，像史蒂夫·乔布斯那样一次又一次地改变人类的行为，可能是非常有趣且令人兴奋的，因此，传教士型公司常常被看作"酷毙了"品类的创建者。几乎每个人都希望成为这样的创建者，但是你不一定非得去成为一个传教士型人物，去打造一个新品类或子品类。创建品类是一项棘手的业务，要真正创建一个品类是需要花费大量的时间、精力和金钱的，更不用说在你想创建的这个新品类之中已经有许多公司是你的竞争对手，或者即将有许多公司成为你的竞争对手了。毕竟，无论哪一个品类的事物都不会只有一种。

虽然许多新品类是由传教士型公司所创建的，例如 Salesforce 通过云端提供服务，重新定义了软件的概念，但不一定必须是传教士型公司才能创造一个全新的品类。理解这一点（或重复这一点）也是非常重要的。那些母亲型或工程师型公司也完全能够创建全新的品类，或者创建子品类。它们有时完全靠自己来完成，如亚美亚，一家工程师型公司，创建了客户与团队的"参与"（engagement）新品类；有时则可以通过购买和兼并公司的方式来创建新品类，如甲骨文，也是一家工程师型公司，它击败了竞争对手 SAP，收购了零售软件公司 Retek（同样是工程师型公司），创建了"授权商务"的新模式。

传教士型公司当然也不一定就等于品类的创建者，例如特斯拉，成功地创造了足以应对长距离挑战焦虑的高能电池，尽管它肯定会被人们当作工业游戏的变革者而青史留名，但它并不是品类的创建者。因为电动汽车早已有了 100 多年的历史。埃隆·马斯克只是将其发展到一个新水平，重新定义了电动汽车，使其公司成为品类的改良者。（早在特斯拉第一辆汽车下线之前，其"入门级"的 Model3 车型，就已经帮助公司在技术采纳曲线上获得了长足发展。）

正如史蒂夫·乔布斯的那句名言，"好的艺术家模仿，伟大的艺术家偷窃"。有些最好的品类都是由先驱者创造的，而这些先驱者常常被市场上后来的第二位、第三位甚至是第十位超越，因为后来者懂得如何使这些品类取得成功。也就是说，他们知道如何偷窃先驱者工作流程的最佳部分，并且从最好的这部分开始着手超越。先驱公司会作为品类的创造者青史留名，但不会作为品类的发展者或者品类的第一品牌而被载入史册。

如果你从技术的角度来看当今世界上许多最富创意的品类，你就会注意到，人们把那些并不相干的词和一些通用词组合在一起，构成新的词语来描述那些全新的事物，如英文中的电话、电视、飞机、航空公司、个人电脑、桌面出版、云计算和家用机器人等，都是这样构成的。历史告诉我们，IBM 开发了第一代个人计算机，怀特兄弟制造了第一架飞机，Aldus 公司（后来被 Adobe 电脑公司收购）开发出了桌面出版系统。每个产品只有在其他公司开发出竞争性产品并由此形成一个新的行业时，才能成为一个品类，此时也就是"偷窃"的开始。个人发明者也许能在历史记录中得到他们应得的东西，也许什么也得不到，但无论怎样，品类的创造只有在几家公司开始打造竞争性产品时，才能算是真正的成功。

针对这些挑战，从已知的品类中分离出来去创造一个子品类也是一种选择，可以替代直接创建品类。以下证据证明了这一点，像数不胜数的各类饮料（如苏打水、无糖苏打水、不含咖啡因的饮料、汽水、果汁饮料、维生素水、淡啤酒、精酿啤酒等，这仅仅是众多饮料中的几个例子）、食物（如有机的、无脂肪的、无麸质的、不含盐的、素食的、手工的，还有更多的其他种类）、汽车（如 SUV、面包车、皮卡、轿车、混合动力汽车、电动汽车）等，有大量的子品类等待着人们去开发、创造。

当提到子品类时，顾客在商家推出产品之前，往往并不知道自己需要什么。举例来说，某人在克莱斯勒公司辛辛苦苦工作了 30 年，突然产生了一个想法，要打造一款省油的家用汽车，这款汽车驾驶起来要像小轿车一样方便，要满足更多乘客一起出行的需求，要有足够的空间装载运动设备、野营装备和其他货物，还要有一个推拉门，方便孩子上下车。就这样，面包车诞生了（顺便说一下，正是它的诞生，拯救了克莱斯勒公司）。后来，又有人想，嘿！为什么不能两边开门呢？若是两边开门岂不是更好？各种各样的想法很多，功能的调整、特色的打造，无非都是关于如何赚钱、如何击败竞争对手的考量。但品类创建者也会做一些基础工作，如有人专门负责去弄明白对顾客来说什么是最好的；有人负责提问：这会解决哪些痛点？谁会去购买？

子品类就是这样被创造出来的。针对某一特定人群，打造一个定制的解决方案：亚马逊通过 Amazon Web 服务重新定义了它的 IT 外包模型；Squarespace 采用网上出版并运用 DIY 的形式，让顾客自己动手；Marketo 则以自动化市场营销软件而闻名；Etsy 专门为个体手工艺人创造了一个富有创意的大型网上购物社群平台。

在这种背景下，多年来，Sitecore 是我真正乐意与其合作的一家公司。这是一家工程师型公司，以内容管理软件而出名。Sitecore 想成为"客户体验管理"品类中的领导者。然而在几年之内，客户体验管理很可能会成为一个切实可行的营销品类，却一直没有得到很好的定义，而我们的研究表明，没有谁真正理解其真正意义。虽然如此，当我和该公司的一名高级技术人员交谈了一段时间后，问题开始变得越来越清晰，Sitecore 所做的一切都是为了让客户能够在特定的情境中去推销——营销内容可以直接实现个性化处理。对了，我突然意识到，这就是发现定位的"啊哈"时刻。没有必要去创建一个至今还没有恰当定义的新品类，何不将目标转为成为"情境营销"子品类的领导者呢？情境营销在过去的几年里早已引起了行业的广泛关注，但是一直没有哪家公司着手去做，也没有哪家公司成为"情境营销"的专属者。情境营销就应该是 Sitecore 去做的事情，而且因为早已有人在谈论这个话题，所以公司可以接受这一术语，而不必担心是不是表达不清，也不用担心创建一个品类所需要承担的风险。最后结果怎样呢？Sitecore 现在已经成了情境营销的领导者。这家公司能够抓住这个早已开始使用的短语，并且将其据为己有。

除了帮助公司开发全新的品类和子品类之外，我还花费了大量时间与其他公司一起去调整或拓展已有的品类。创造一个品类不仅费用高昂，还耗费时间，却往往达不到预期的结果（举例来说，20 世纪的飞行汽车，其坠毁的比例多于成功的飞行，尽管那段历史有可能在不久的将来被重写），但公司仍然可能会认为重新定义一个品类的理念非常符合金伟灿与勒妮·莫博涅的蓝海战略理论。实际上，重新定义一个品类恰恰就是亚马逊在 1994 年所做的事情。当时，亚马逊宣布，从本质上说，"我们就像 Borders 连锁书店一样，只不过我们是在网上卖书"。你会发现，当你去重新定义一个所有人都已经理解了的事物时，要比开拓一个全新的、没有人能够理解的空白领域容易得多。这就是为什么当许多新公司试图最大限度地利用其他公司的成功经验时，常常在其定位说明中提到其榜样公司，如"我们就是某某麦当劳"或者"我们就是某某优步"。

重新定义品类的关键是要看到其他公司看不到的可能性。这就是爱彼迎创始人及首席执行官布莱恩·切斯基所做的。当时，他想全世界会有多少张空沙发可以转化为廉价的床铺供旅行者使用，特别是在那些住宿又少又贵的旅游胜地。于是，这些沙发变成了床，然后是房间变成了公寓和家，甚至露营拖车也可以向旅行者提供。这种家庭共享模式并不是切斯基创造的——是 VRBO 和 HomeAway 率先想到的，但他重新定义了这一共享模式。爱彼迎的定位是沙发，而不是房屋，至少在最开始的时候是这样的。这样就重新定位了这一品类，为那些较低收入的顾客提供服务：他们需要的是一张床而不是一个房间。于是，一个新的行业诞生了。

爱彼迎的美好之处就在于让人感觉到家人的关爱与体贴。公司的理念就是要让人拥有一种宾至如归的感觉。如果是母亲型的公司，做到这点并没有什么令人吃惊的。与其他的家庭共享服务相比，爱彼迎彰显的是休闲且亲密的元素。你可以与主人会面，并且与他亲切握手。这与那种毫无人情味的汽车旅馆或大型的连锁酒店完全不同。自

2008年创办以来，爱彼迎完全颠覆了传统的酒店行业，甚至改变了旅行的方式。其目前的价值高于酒店巨头万豪国际集团，每年获取收入在5亿～10亿美元。2016年，该公司还被雇主评估网站Glassdoor评为年度"50个最佳工作场所"，且高居榜首，击败了谷歌这家一直被认为是美国最佳工作场所的科技公司。

有时，公司试图通过转换品类来重新定义自己。比如黑莓，它是一家工程师型公司，属于智能手机品类，而该品类几乎已经被许多公司放弃了。黑莓也是我们的一个客户，它重新恢复了品牌，并且通过拓展其业务领域，将自己打造成为公司软件和安全领域的领导者。完成黑莓的资产审核后，程守宗，这位扭转公司乾坤的首席执行官推出了他的核心战略，即从生产硬件转为生产软件。公司工程师型DNA的基因从产品特色式转为了产品价值式。公司通过确立其新品类领域的地位并不断努力，在一个新的领域之中，即物联公司技术领域，取得了很大的进步与发展。黑莓通过使命宣传来强调其安全的价值诉求。因此，公司的新定位说明指出："黑莓致力于打造其在安全性和移动性领域的影响力，通过连接人、设备、流程和系统，确保物联公司的安全、连接和移动，以此全面实现物联公司的安全。"市场吸引力越来越深入人心，就连分析师们也在称赞该公司的新定位。

在当今飞速发展的经济形势下，品类也在不断发生变化。你刚刚参与、创建或者重新构造的品类可能会在一个月或者一年内变得完全不同，甚至这种变化会在下周发生，因此对自己的品类选择一定要审慎。创造新品类当然是令人兴奋的，但是，看到自己的公司发展会更令人兴奋。我们在选择品类时，应因其正确而选择，而不是因其让人兴奋而选择。举例来说，当贝佐斯创办亚马逊时，他将公司定位为"网上书店"，与巴诺书店、Borders连锁书店，以及其他实体书店属于同一品类。贝佐斯知道，如果要获取吸引力，他需要从已知的品类中分离出来。

　　无论你最终决定采取什么样的品类，都一定要做好在众多同品类中蓬勃发展的准备。正如我前面说过的，其实并不存在所谓空白品类这一概念，至少某种品类不会长期空白。因为即使你没有直接的竞争对手，你的客户也确实可以自己选择解决问题的方法。况且，如果你选择的品类前景真的一片光明，那么其他并不相干的对手也会很快地来追随你——如果它们还没有完全步入正轨去进入这一品类领域。要选择一个你现在可以拥有并且在不久的将来也可以拥有的品类。

谁是你的利益相关者？他们有什么需求？

社群

　　品类有许多构成要素，接下来的这个"C"指的是社群。社群尽管不那么重要，但更直截了当。为什么这么说呢？因为不管你在营销环境中选择怎样的定位，这个定位都必须解决一个数量庞大、可持续的人口的需求。客户是你最有价值的利益相关者，他们的偏好、行为和信念起着至关重要的作用。客户被影响者包围着，而每一位影响者都是社群中的一部分。

　　当然，仅仅知道谁是客户还远远不够，比如，仅仅知道客户是初为人母的妈妈、神经外科医生、网络工程师是不够的，你还需要知道他们为什么关心你提供给他们的产品，要了解你提供的这些产品为什么会对他们至关重要。你需要了解他们是如何得到你的这些解决方案信息的，谁会影响他们的购买决策，谁是购买周期中的其他参与者。有时，你的革新能力可能太超前，以至于那些潜在客户或者说他们的影响者们并不能告诉你任何信息，事实上，他们甚至还没有意识到你能够为他们解决其存在的问题。（例如，谁知道推拉门会使面包车受到父母们的欢迎呢？在优步上路之前，谁会想到一键式网约车服务会有如此巨大的市场呢？）即便这样，客户还是会用清晰而独特的语言表达自己；客户会受某种特定动机的驱使，受各种因素的影响，所有这些因素，我们都必须在定位过程中予以考虑。

客户是谁，或者说他们可能会是谁，这也许显而易见，但要确定他们周围的影响圈子有哪些，则需要做一些勘查工作。产品评论、新闻报道、博客圈、社交媒体和分析报道都是产生影响的经典渠道，但鉴于产品的不同，可能还会有更多的影响来源。例如，在医疗行业，医生、按摩师、护士和保险公司都是具有影响力的人；而在运动产品行业，运动员和他们的粉丝团则是具有影响力的人；在安保行业，学术专家、顾问、网络安全专家和政府官员都会是影响者。不管是哪个领域，影响者都非常之多，而且各有不同。发掘影响者并向他们推销产品，向潜在客户推销产品，都是非常值得的。

影响圈就是众所周知的目标受众。你的目标受众就是你想把产品卖给他们的那群人，解决这个问题最好的方法是进行市场细分或勾勒用户需求。举例来说，美国实耐宝（Snap-on）是一家生产高端工具的公司，产品包括汽车诊断维修工具、设备、软件及服务方案等。该公司为我们提供了很好的范例，因为它知道应该将营销工作的重点放在机械制造领域和建筑行业（以及该行业人员所阅读的出版物上）。该公司还知道，如果将实耐宝货车开到工作现场，那里就会有一大堆机械和建筑方面的专业人士。因此，在工作现场，既可以强化自己的品牌，又可以现场销售工具设备。这是不是很好的营销方式啊？然而，该公司还有比这更好的办法。它知道，这些购买者同时还扮演着影响者的角色，因为这些机械和建筑专业人士从实耐宝货车上购买完工具后，又回到了工作现场。在工作现场，他们会将新购置的这些工具设备展示给同事看，而他们的同事可能还会自己走到货车那里，去看看有没有他们各自需要的产品。这是一个非常绝妙的营销战略，既强化了品牌，又激发了连锁反应，还销售了产品。该公司之所以成功，是因为它知道谁是自己的客户，知道什么会对客户产生影响。实耐宝没有花大量的时间和金钱去吸引那些业余的工具使用者，因为它知道没有这个必要，机械师和建筑师更喜欢使用专业性强的工具，他们会主动购买实耐宝这一专业品牌的工具。

同样，虽然福特和法拉利两家公司都会吸引那些愿意购买并且能够购买他们汽车的顾客，但他们知道如何区分自己的目标市场：其根据就是客户是不是愿意花 40 万美元购买一辆汽车。福特（母亲型公司）知道如何去吸引普通客户，而法拉利（工程师型公司）则知道如何去吸引豪华客户。它们的定位以及由此而进行的营销都是一致的，以 DNA 为基础的定位有助于让它们的营销与其品牌的真实性进一步协调匹配。在涉及客户细分时，其目标是尽可能准确地定位市场，并且学会如何接触这些客户。客户在哪里？他们住在什么地方？他们会参加哪些会议和活动？他们阅读什么内容？他们看什么电视节目？他们使用什么样的社交媒体？

如果你必须选择一个并且是唯一一个让你赖以生存的核心客户，你会轻松地做出选择吗？你团队的所有成员是不是会以同样的方式来回答这一问题？如果不是这样，你就有事可做了。因为你不可能为所有人提供他们想要的所有产品（如果以此为目标，是注定要失败的），但是某些人会成为你的主要客户。为自己的公司定位，吸引那些特定的目标人群，并且确保这样的定位一定也要适合客户的影响圈子，与他们的需求相匹配。因为在你定位某一特定的细分客户人群的同时，也定位了这个细分客户的影响圈。你需要借助条分缕析的信息，进入客户生态系统。

谁是你的竞争对手？

竞争

当涉及竞争时，伟大的定位是由产品或服务的优势与劣势所决定的，同时还会由你所在生态系统中发生的事情所决定。当你坚持认为可以拥有某个品类并在这一品类中获胜时，你会期待周围的景象发生变化，并且期待能够迅速引发改变。你对不断变化的选项了解得越好，预测得越准，你就越能更好地发展自己，并且会有更多的发展空间去塑造这一品类，而不是让它去塑造你。在谈到竞争时，我喜欢用两个可视化的工具来了解情况，它们分别是标准的 XY 轴图和史蒂夫·布兰克的花瓣图。这些视图不仅会迫使你的团队去考虑在那些显而易见的品类中对那些显而易见的竞争者予以考量，而且会突出强调市场中的空白区域，识别潜在的进攻对手，考虑那些相关不大的品类以避免其他进入者的侵入。

XY 轴图

我的建议是创建一个经典的 XY 轴图，通过这幅图可以看到你的公司与竞争对手相比会处于什么位置上。这幅图要从收集一系列问题列表开始，这些要思考的问题对客户来说都是至关重要的（这也是要准确地了解你要把产品卖给谁、了解客户关心什么的另一个原因）。可能性因素包括价格、易用性、方案的完整性，以及是否能够与其他相关性不强的产品整合在一起。我们以价格这一因素为例，绘制一个 X 轴，左边表示"价格便宜"，右边表示"价格昂贵"。纵轴即 Y 轴代表与其他相关性不强的产品整合在一起的能力，Y 轴的下方表示"能力低"，Y 轴的上方表示"能力高"。然后，在这幅图上列出竞争对手，有多少列多少。在这些步骤都完成后，就可以确定你所在的公司在图中所处的位置了。这幅图既可以提供一个直观的参考，让你看到你所在市场的人口数量状况，还可以揭示出哪里是市场空白领域，也就是你可以得到并拥有哪些市场领域。

如此重复列表中的其他考虑因素，当你完成四五幅绘图后，可能就会从相关考虑因素中确定空白领域，而且会知道你的产品会进入哪个区域，知道是否能够拥有这一区域的所有权。当然，拥有所有权是公司的目标。哪个领域只有你公司的产品和服务才能占有？同样重要的是，谁在周围虎视眈眈地盯着你，威胁着你或者想抢你的饭碗？

史蒂夫·布兰克的花瓣图

在定位过程中，要想说明扩大视野和消除偏见的重要性，就一定要思考《盲人摸象》的寓言故事。每个人都只摸到了大象的一部分，然后，每个人都根据自己的感觉描述他所"看到"的大象的模样：

- "像一根坚固的柱子。"只摸到象腿的盲人说。
- "像一根光滑、坚硬的管子。"只摸到象牙的盲人说。
- "像一根粗树干。"只摸到大象鼻子的盲人说。
- "像一根粗绳子。"只摸到大象尾巴的盲人说。
- "像一把又宽又薄的扇子。"只摸到大象耳朵的盲人说。
- "像一堵坚固的墙。"只摸到大象肚子的盲人说。

他们每个人说的都对，但是只有把他们几个人的视角综合在一起，才是一个完整的大象的样子。

花瓣图可以充分向外扩展，能够容纳所需要的尽可能多的细分市场。它的美妙之处就在于它会迫使每个人从不同的视角、更宽泛的角度去看待竞争分化的问题。这对于初创公司，对于想打造新市场（或者拓展已有市场）的公司尤其重要。在这一过程中，需要考虑的问题包括竞争对手使用的语言、竞争对手公司的 DNA，以及你想去结盟、合作或者只进行竞争的品牌，要尽可能多地描绘出相近的细分市场（见图 4-2）。

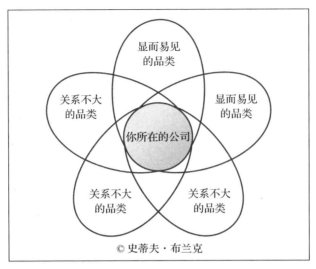

图 4-2　竞争格局

这就是通向"啊哈"的那种分析！当然，这些可视化工具可以用于多种不同的渠道：将竞争性分析由管理层拓展到整个公司的所有部门，预测客户的需求和欲望；对下一任高管招聘需求进行评估；等等。然而，经过部署，最重要的是能让你超越传统来看待问题，让你从整体角度来考察竞争格局。

是什么样的趋势和力量在塑造着市场？

环境

在成功定位的过程中，还有一点同样重要，那就是要考虑当下塑造市场（甚至整个世界）的力量是什么。市场格局总是在不断地发生变化，因此有必要做出调整，以适应并利用影响客户信念、行为和语言的变化趋势，同时，也有必要将这些趋势的应用整合到产品与服务中去。亚马逊的创始人杰夫·贝佐斯就是这样做的，他迎合了网上购书的趋势，适应了电子商务发展演变的主流趋势。耐克公司也是如此，这家运动服装市场上的顶级选手，超越了基本的运动装备，在"体育休闲"趋势中占据了主导地位。还有优步，通过一键式租车服务软件的应用，让客户对移动技术不断增加的依赖性得到了淋漓尽致的发挥。

也许确保你的产品或服务适应环境定位最简单的方法就是依靠下面这样的说法，如"我们是和优步一样的""我们是和脸书一样的""我们是和苹果公司一样的"。这种"优步式"的服务其实是在强调这样一个事实：这些公司想利用优步的成功，通过共享经济来充分利用某些特定市场中的过剩产能。（鉴于出现在优步身上的所有诽谤和丑闻，令人遗憾的是，爱必迎和来福车并没有在客户口碑方面有所建树。）在风险投资关注的领域，这并不算是什么糟糕的战略。风险投资界知道优步取得了怎样的成功（丑闻暂且不提），知道这种模式势头正热，也知道这种模式可以应用于许多不同的领域。这一战略甚至还可以在客户那里发挥作用。然而，当我在一家公司当顾问时，我发现了这样一个一手案例，那就是"仓库容量模仿优步运作"，而这一过于简单化的定位可能会使得所有的营销努力受到阻碍。该业务的复杂性包括要统筹安排这一特定的 B2B 业务，而这一业务严重依赖于多重 IT 系统的整合，需要从不同地方对货物进行跟踪。这与特拉维斯·卡兰尼克当初所面对的问题大相径庭，当时他只要负责收集司机的信息，然后为需要打车的顾客安排司机和车辆就行了。

如同我在本书中所写的那样，在我们这个世界中，新生事物层出不穷，而且都与我们的生活息息相关，因此我们可以顺应众多时尚潮流，实现我们的定位目标。人工智能和机器学习为将产品和服务定位为"智能"提供了机会。云计算的发展趋势使我们能够将云技术应用到定位说明中。社交媒体为引入社交产品或服务提供了大量的可能性。虚拟现实和增强现实是热门的。机器人、消费者保健、本地化、网络安全及几乎对所有事物的分析也都非常热门。除此之外，还有像全球化、千禧文化、小额融资、天使投资、整理运动、鸡尾酒热潮等技术之外的其他因素带来的种种变化趋势。这里需要强调的是，定位说明必须具有相关性，必须与公司营销及产品和服务销售的情境产生共鸣。

为了说明这一点，美国科技博客 TechCrunch 刊登了一篇名为"2017 年 CES 的十款酷硬件"的文章，文章提供了一份新产品发布纲要，对目前若干发展潮流进行了定位。这些都是些小玩意儿，但小玩意儿也必须要有定位，而且它们的营销人员在定位方面做得非常好。文章列举的定位方面的事例非常恰当，而且容易让人记住，简述如下：

- Plume 是一家生产污染追踪可穿戴式设备的公司，公司的定位是"空气质量追踪者"。该设备专为生活在污染严重的大城市中的人们设计，它可以夹在袋子上，测量颗粒物、二氧化氮、臭氧、挥发性有机化合物、温度和湿度。

- 格里芬（Griffin）连接式烤面包机被定位为智能烤面包机，可以让你精确定义烤面包圈或英式松饼的用量。该应用程序的特点是装有一块金属的滑动条，滑动条一边是白色面包的图标，另一边是黑色面包的图标。正如美国科技类博客 TechCrunch 所指出的那样，"当然，智能烤面包机就是连接设备可笑的缩影，但有一些东西值得一说，那就是它能把烤面包的程序管理得如此精细"。

- Milo 传感器是一种可穿戴式的呼吸器，可以显示数据资料，它被定位为一个小巧精致的呼吸器。美国科技类博客 TechCrunch 指出，"和一些朋友外出时用呼吸器检查血液中的酒精含量可能只是一个聚会的把戏"。TechCrunch 承认，如果你真的想知道是否要再喝一杯的话，"拿出呼吸器可能会让人感觉尴尬"。该公司的传感器可以像手表带一样佩戴在手上，可以通过穿戴者的汗水检测各种化学特质，然后这些信息传送到应用程序上，用户只需要检查手机就可以持续监测其血液中的酒精含量。

- Kuri 机器人被定位为家庭陪伴型机器人和助手，它只有 20 英寸[⊖]高，体重 14 磅。它有一双可以眨来眨去的眼睛，转来转去，还有一个可爱的圆形身躯，有灯光，可以发出嗡嗡声。Kuri 与 Google Home 的智能家居设备、Amazon Echo 智能音箱和 Alexa 智能设备相似，可以对语音做出回应，并且可以在语音命令下开启安全摄像系统。

- Motiv 追踪器的定位是能够监测身体状况和睡眠状况的可穿戴设备。据 TechCrunch 报道，Motiv 的追踪装置"将整个健身波段的功能都塞进了一个指环里"。除了测量睡眠、步数、距离和卡路里外，这只被钛包裹的指环还配备了心率传感器，它的电池充一次电就能持续 3 ～ 5 天。

- 以为军方制造智能眼镜而闻名的奥斯特豪特设计集团（Osterhout Design Group，OGD）展示了其第一款 VR 与 AR 眼镜，并将其定位为"面向大众的智能眼镜"。该公司称，这种眼镜由骁龙 835 芯片提供电源，能够"以影院般的清晰度来播放视频，让你沉浸在 3D 交互体验之中，向人们展示了发明和生产力的全新世界"。

- 作为怀旧和最新的高科技摄影组合，数码拍立得相机 Polaroid Pop 以其最新推出的三乘四英寸照片打印相机，重新审视了宝丽来标志性的即时成像格式。作为成功的小型快速成像相机的后续产品，这部相机的后部配备了触摸屏液晶显示器，可以让用户在

⊖　1 英寸 = 0.0254 米。

照片打印出来之前提前看到它们。结果如何呢？ TechCrunch 报道说，这些打印的照片"看上去非常棒"。

- 荷兰 Clear Flight Solutions 公司推出了一款名为 Robird 的无人驾驶飞机，正如 TechCrunch 所说，"它会将其他鸟类吓死，从而确保航空飞行的安全"。该无人机的定位是通过一种创造性的方法，来驱赶机场周围的鸟类，以避免鸟类对飞机的袭击威胁。该无人机模仿猛禽设计，"它靠拍打两只翅膀飞行，通过两个尾翼来控制飞行，它甚至可以在空中滑翔一段时间，就像一只跟踪猎物进行追捕的猛禽一样"。

- Willow 挤奶泵可以实现无须动手自动挤奶，它被定位为一种可以穿戴的挤奶设备，让母乳喂养的母亲摆脱想挤奶时没有地方挤奶的困境。Willow 挤奶泵是一个无线装备，里面装置密封的一次性塑料袋可放在哺乳文胸内，如果母乳要溢出来时它还能及时检测到，并能自动调整挤奶泵模式。它还可以与一个应用程序组合在一起，跟踪挤奶的时间和数量。

- 尽管在国际消费类电子产品展览会（CES）上电视机种类浩如烟海，然而装有杜比视界 HDR 的索尼 XBR-A1E Bravia 4K OLED 电视机还是引起了美国技术博客 TechCrunch 的关注。引起关注的原因就是 OLED（Organic Light-Emitting Diode，有机发光二极管）这个缩略词，这种显示技术让电视机瘦身成为可能，甚至可以做得比最纤细的液晶或等离子设备更瘦、更薄。据索尼说，OLED 使得"黑电平（black level）技术变得空前，色彩更丰富、逼真，动态光暗对比调整，图像更清晰，视角更宽"。索尼的这款产品有一个无边框设计，可以直接放在地面或桌子上，也可以靠在电视处理器和其他重要部件的后座上，这一设计还意味着电视机机身周围没有扬声器，而索尼称之为平面声场（Acoustic Surface）的技术可以让声音从屏幕那里发出。

让定位说明取得成功需要做到什么事情？

标准

与其他几个要素不同的是，标准产生于环境。标准是团队在审核了其他五个要素之后应该提供的一组参数。这是在你制定定位说明之前的最后一个步骤。这里的诀窍是，编制一个包含 5 ～ 7 个因素的列表，你希望定位说明能够完成上面的这些任务，这样当你达到这些目标时，你便知道你已经完成了任务。例如，一家渴望吸引千禧一代的零售公司，其公司标准中可能包括以下要素：时尚、24/7 可达性、基于价值的优惠、可持续性和慈善行为。与定位过程的其他各个因素一样，标准这一要素也要求整个高管团队达成一致，因为最终的这个定位说明必须被高管团队接受。每个成员都需要提供一份不同的评判标准，因此，让每个人从各自的层面来评判哪个标准是正确的，然后整个群体再达成共识，这一点至关重要。如果一个由高管组成的团队在标准问题上能够越早达成共识，便越容易做好定位工作，而且定位越容易被集体接受和信任。确定你的标准，预计在最后的定位说明中能够达到这些标准的 75% 左右。毕竟，无论怎样，你永远不可能让所有人都满意。列出那些最重要的条款，要力求简明扼要而非面面俱到。

超能量的优势

要了解你向客户必须提供的东西是什么，要知道你的定位对哪些人是至关重要的，但这只是整个营销流程的一部分。在你完成定位之前，你必须首先了解你是谁，你的基因核心是什么。在你处理品牌问题时，更要注意这些问题，这也是我总是从识别公司 DNA 开始的原因。同时，你也要知道，尽管核心这一要素是对其他六个"C"的关键补充，但其他每个要素对公司的作用和价值也都非常重要，认识到这一点也极为重要。因为如果跳过一个要素，可能就会像烤面包时没有放糖或面粉一样，核心是让蛋糕与众不同的神奇要素，或者再换个比喻，这好比一种特殊的酱汁让巨无霸成为巨无霸。这种方法的神奇之处就在于一定要有超能量的优势。

因此，在大多数情况下，是核心 DNA 为定位铺平了道路，这也就不足为奇了。但事情并非永远如此。有时，这六个"C"中其他某一个要素也可能会占据主导地位，公司的定位战略也主要由这一要素所主导。我们以品类或环境为例，因为我一直认为贝佐斯早就意识到网上购物的内在潜力，他的目光集中在位于电子商务下面的看不见的冰山上，亚马逊就是在这样一个品类或环境下被推出的。即便如此，如果亚马逊从一开始就试图定位为一个决心改变图书和商业世界的使命型公司，那么它可能早就遇到障碍了（尽管我们将在第 7 章中看到，亚马逊经历了 DNA 变化，现在以母亲型公司来运作）。如果公司的核心 DNA 是正确的，而且公司团队就此达成了共识（结果是形成了准确无误的定位），那么，你就放大了营销的影响，避免了内部的摩擦，加快了公司的成长。然而，如果团队成员之间无法达成一致，那么你进军市场的道路将变得愈加缓慢且困难重重。

"到达啊哈"的最后一步就是将所有的要素组合在一起，并由此提出公司的定位说明。具体内容我们将在第 5 章中探讨。

第5章

定位和信息架构

　　该是认真考虑基本事实，开始应对信息架构的时候了。毕竟，信息架构才是最为有用的营销工具。当然，信息架构中的关键要素是定位说明。定位说明表述了公司在市场中的独特作用和价值。让我们通过探究如何写出定位说明来启动这一工作吧。一开始，我们需要对商业领域中最难以回答的这些问题予以应对："你是谁？为什么你如此重要？"

　　在这一阶段，我们已经通过前面章节中探讨的六个视角对市场进行了检视：核心、品类、社群、竞争、环境及标准。我们自然也明白了公司的核心 DNA 类型、意图进入（或构建）的品类、服务及对话的社群、面对的竞争状况以及产品所处的市场环境。在这种情形下，我们应该列出一套定位说明的评估标准，以帮助确定我们在定位活动中是否切入了要害。最后，我们需要知道，定位说明是一项理性、实用、基于事实的关于公司作用和价值的声明。

有效的与无效的

我们来看几个定位说明的实例，看一下与之对应的电梯间故事（本章稍后将要探讨的信息架构中的一个要素），进而确定一下哪些出色，哪些拙劣。下面所有的例子均是可以接受的，但如果加以雕琢，可能会更好一些。这些公司的定位说明已经嵌入公司的电梯间故事或公司叙事，我从这些公司的网站上找出来并复制了下来（对于那些稍长一点儿的电梯间故事，只对那些涉及定位的句子以黑体的方式进行了标注）。

- Mobileye 看起来属于工程师类型，其聚焦的特点如下。
  - ▽ **电梯间故事：" Mobileye 是一家助力于先进驾驶辅助系统的领军型软件供应商，为多达 25 家汽车制造合作伙伴（包括世界上最大的汽车制造商）提供服务。** 除了高级驾驶辅助系统，我们的技术还朝着助力汽车驾驶的三大支柱（传感、测绘及驾驶逻辑）快速进化。正是基于这种广泛而先进的产品供应，我们与宝马及微软建立了合作关系，开发全自动汽车的生产就绪技术，预计到 2021 年将实现生产启动；与一级供应商美国德尔福公司建立合作，开发一项'交钥匙'系统，通过客户 OEM 的方式，预计 2019 年开始实现产品化。"
  - ▽ **优点**：在有限的市场之中界定了一个独特的定位，通过 25 家行业合作方的例证，说明了公司的价值所在。
  - ▽ **不足**：除了成为行业领军公司之外，未能表明公司的独到表现，没有针对竞争提供差异化说明，未能提出真正的价值主张。
- **康泰纳商店**（The Container Store）显然是一家客户体验式的母亲型公司，声称其"致力于"让受到混乱包围的客户回归到秩序和条理之中。
  - ▽ **电梯间故事："我们是一家致力于储存及组织的原创性专业零**

售商，是全国仅有的一家全面致力于收纳产品销售的公司。我们的目标是为这个日益繁忙和混乱的世界提供秩序和条理。我们提供富有创意的、多功能的、客户定制的储存及组织的解决方案，以帮助客户节省时间、空间，提升客户的生活品质。"

▽ **优点**：通过对品质生活的关注来对环境做出反应（帮助客户节省时间和空间）；与新兴的"整洁"运动精神相符。

▽ **不足**：未能解释作为一家客户体验式母亲型公司的内在"体验"含义；也未能与竞争对手进行差异化区分，只是表述了"储存及组织的原创性专业零售商"这一概念，但实际上这对客户来说并不重要。

● **威瑞森**（Verizon）看起来正处于基因转型的过程之中，正在从产品价值式工程师型公司向客户体验式母亲型公司转变。

▽ **电梯间故事**："我们助力员工、公司及事物进行更好地沟通。数字世界为客户提供了更加美好的、联结更为紧密的生活，而我们正是提供这一服务的公司之一。**我们将这一切变成可能：人们可以随时随地保持联系，公司可以与客户建立联系**。我们还为那些有迫切需要的孩子直接提供技术和亲身实践学习的机会。我们的目标是激发未来的创新者，应用技术为自己、家人、世界构建更加光明的未来。"

▽ **优点**：提出了价值主张，并对两个关键问题做出了回答："为什么是威瑞森？为什么是现在？"

▽ **不足**：未能实现差异化区分，未能解释威瑞森的体验实际上是一种什么样的体验，仅仅将其描述为"更好"而已（而这相当于什么都没有说）。

● **罗技**（Logitech）也是一家客户体验式母亲型公司。

▽ **电梯间故事**（这是一则长故事，为了适应这则长故事，建筑师不得不在信息架构上加盖了几层）："专注于创新与品质的提升，

罗技设计个人外设，以帮助人们在数字世界中获得更好的享受体验。1981 年，我们从鼠标（当时还是一项新产品）启程，为人们提供一种与个人电脑互动的更直接的方式。我们在计算机鼠标领域占据世界领先地位，用多种方式重塑鼠标，以满足个人电脑和笔记本电脑用户不断演进的需求。

"在早先阶段，我们就超越了计算机鼠标这一产品，将产品设计领域的专业知识拓展到连接客户与计算机、单机游戏、数字音乐和家庭娱乐系统等'最后 1 英寸'的接口设备这一广阔的产品组合之中。

"随着产品在全球几乎每个国家的销售，罗技目前在创新领域的领先地位已经涵盖了各种各样的个人外设产品（包括有线和无线两类产品），罗技还对计算机导航、游戏、互联网通信、数字音乐和家庭娱乐控制等产品给予了特别关注。

"针对每一个产品系列，我们都围绕客户如何使用其数字设备进行研究，然后，我们的设计师和工程师会将目光投向怎样才能用这些设备创造更好的客户体验这一方向上。我们追求的是更丰富多彩、更舒适、更具趣味、更具产出效率 、更方便、更令人愉悦的客户体验。"

▽ **优点**：用"个人外设"表述了一个独特的定位，提供了一个让客户拥有"在数字世界中获得更好的享受体验"的价值主张，使用个性化动词"享受"来描述客户的这种体验。

▽ **不足**：未能充分强调其领先地位，未能对其产品品类实现差异化区分，还有就是文本太长了。

● **科锐**（Cree）以其产品特色式工程师型的特点给我留下了深刻印象。

　　▽ **电梯间故事："科锐是一家为无线设备及电力设备提供照明级 LED、LED 照明和半导体解决方案的具有市场领先地位的创新**

型公司。"

▽ **优点**：表明了在行业中的市场领导者地位，产品说明简洁而亲切。

▽ **不足**：未能对"秘密武器"或解决方案和技术的独特性做出说明，除了"领导者"一词之外，没有进行差异化区分。

这些定位说明中的绝大多数，以公司选用的语言揭示了公司的 DNA，却未能从中进行差异化区分。通过竞争这一镜头进行市场审视的目的，是让你能够把 DNA 作为一项差异化区分的工具，将公司从竞争中分隔开来，进而以此对公司做出界定。这是为你量身定制的，可以用来帮助你界定出市场上只有你所在的公司才能真正填充的空白领域。公司 DNA 中的哪些因素能够让你在地图上抓住一个点，并将其变成你所在公司的甚至是你们专属的定位点？你是谁？你为什么如此重要？

这些定位说明需要什么？

● 作为一家工程师型公司，Mobileye 应该说明其专属的技术和方法。
● 康泰纳商店必须主张其"知子莫如母"的客户服务方法。
● 正在从工程师型向母亲型转型的威瑞森应该对"更好"一词做出更好的解释。
● 罗技作为一家母亲型公司，应该对其独特的用户界面做出解释，说明这将如何形成更好的客户体验。
● 工程师型的科锐应该条分缕析地对其"创新者"这一特色做出更好的释义。

向最佳范例学习

现在，我们来分析几个出色的定位说明。首先来介绍奈飞（Netflix）

（同样，对那些嵌入在公司电梯间故事中的定位说明，以黑体的形式予以标注）：

"奈飞是世界领先的互联网电视网络公司，每天让190多个国家的9300多万名会员享受1.25亿小时的电视及电影服务，其产品包括原创系列、纪录片和故事片等。会员几乎可以在任何联网的屏幕上观看他们想看的节目而不受数量、时间和地点的限制。会员可以在观看的同时进行播放、暂停和回看，而所有这些均与广告和义务无关。"

这则定位说明通过声明自己是行业领军公司这一事实（"世界领先"）精准地界定了公司的作用（"世界领先的互联网电视网络"），指向了一个在我看来应该是奈飞杜撰的相关品类（"互联网电视网络"）。然而，值得注意的是，这并没有留出任何空间来迎合客户，没有对客户体验给予关注，这一定位与温情、朦胧的情感毫无关联。显然，这一定位也没有突出任何价值及其所具备的功能特点。

奈飞是一家明日之星式的传教士型公司，这一特点在公司所有方面均得到了规范和要求。公司甚至暗示它还引发了一种看起来像是一场运动的风尚（基于公司在整个世界范围内的巨大足迹）。如果你在最近几年中处于与世隔绝的状态，不知道奈飞是什么，那么你可以从其定位说明中了解到，奈飞在一个全新的、富有价值的领域居于领先地位，公司拥有的数量众多的用户正在"享受"它所提供的服务，与此同时，公司还提供了大量原创内容。

奈飞是什么？一家在互联网电视网络品类中的领军公司。奈飞为什么如此重要？原因就在于数量众多的用户正在使用它所提供的服务（而且你应该使用）。

财捷（Intuit）是另外一个经典实例，公司业务横跨 B2C 和 B2B

两大领域：

> "财捷开创了简化小型公司、消费者和会计专业人士生活的商业与财务管理解决方案。公司旗舰产品和服务包括 QuickBooks® 和 TurboTax®，这些产品和服务让小型公司的管理及税收筹划和申报更为简单易行。Mint 软件提供了一种清新、简便而睿智的方式，帮助人们进行金钱管理，而财捷的 ProConnect 品牌系列，包括 ProConnect 税收在线、ProSeries® 和 Lacerte® 等产品，是公司针对会计专业人士提供的具有领先地位的税收筹划产品。财捷创立于 1983 年，2016 财年的营业收入是 47 亿美元。公司在美国、加拿大、英国、印度及其他地区设立了区域总部，聘用了大约 7900 名员工。"

财捷的定位说明涉及全面，就差直接喊出它的 DNA 和基因类型了：一家客户细分式母亲型公司。从公司的业务范围、服务客户及其对客户之所以重要的原因，可以看出公司的作用所在："（财捷）开创了简化小型公司、消费者和会计专业人士生活的商业与财务管理解决方案。"接下来，电梯间故事为财捷的每一个重要产品提供了额外的定位说明——电梯间故事实际上在整个公司说明中起到了双重作用，原因就在于它强化了这样一个事实：公司为小型公司管理提供了数不胜数的工具。

最后，我们再来看一看来自 Zenefits 这家 B2B 公司的强劲的定位说明：

> "感谢相识。Zenefits 是服务小型公司的首屈一指的一体化人力资源平台。通过一系列专业化的应用软件，Zenefits 将公司所有人力资源职能的管理变得简便易行。每一个 Zenefits 应用软件都会与 Zenefits 平台上你所使用的其他应用软件自动进行数据分享。只需

要通过一个在线仪表盘，便可以实现所有应用软件的轻松切入，可以为管理工作带来数千小时的节省，让小型公司运营更顺畅。"

简而言之，这家产品价值式的工程师型公司对其作用（一个"一体化人力资源平台"）、在市场中的领导地位（"首屈一指"）、目标市场（"小型公司"）都做出了解释。它也说明了产品的功能，描述了产品对客户的价值（Zenefits"为管理工作带来数千小时的节省，让小型公司运营更顺畅"）。所有这些，都没有像其他许多人力资源平台那样，以一种软绵绵的、黏黏糊糊的方式进行——当然，其他绝大多数的人力资源平台是母亲型公司。Zenefits 直接从 DNA 上进行了差异化区分。

轮到你了

现在，到了由你来撰写公司电梯间故事的时候了。但首先需要了解一下，为什么我们称之为电梯间故事呢？这是因为故事应该足够概括、综合，可以表述清楚公司应该做什么以及公司为什么如此重要这两个问题——所有这些都需要在乘坐一次电梯的时间内完成。定位是电梯间故事的核心要素，因此要先撰写定位说明。不要忘记检核标准清单，以确保你所要获得的便是你所要创作的。定位说明应该是说明公司在市场中的作用和价值的一个简洁的、基于事实及去除细枝末节的陈述句。接下来，将所有这些碎片组合在一起（核心，再加上一点儿与品类、社群、竞争和环境等相关的内容）构成一个奇特的马赛克式的信息组合，而这就是公司电梯间故事的信息来源。

如果思路中断，可以用下面这种"疯狂的自由"作为帮助自己撰写电梯间故事的工具（但不要全部都依赖这一工具）："**我的公司，作为一家某某（DNA 类型）公司，专注于某某（基因类型）。我们是一家针对某某（目标市场）提供某某（差异化解决方案）的某某（品类**

公司。我们通过提供某某（产品或服务的一些利益）来实现某某（带有动词的价值主张）。我们的产品和服务之所以存在，原因在于某某（现阶段公司的存在理由）。"

第一个句子只是让你聚焦公司的DNA。这并不需要写入定位说明或电梯间故事的最后版本。（然而，实际上，即使公司可能从来不会以文本的形式向目标客户揭示公司的核心DNA，核心DNA也会在公司所有的行为中体现。）第二个句子涉及的是核心定位说明，应该反映公司的DNA，同时还需要对公司在市场中的作用和价值予以表述。第三个句子说明的是公司的价值主张，而最后一个句子回答了下列问题："为什么是这项产品或服务？为什么是现在？"

当你完成这些工作之后，重读一下定位说明，自问下列问题：

1. 是否反映了公司的DNA？

2. 是否准确地描述了公司希望占有的、为谁服务的空白领域？

3. 是否将公司与竞争对手进行了差异化区分？

4. 是否回答了"公司为什么如此重要"这一问题？

5. 是否至少符合自己列出的3/4的标准？

如果对每一个问题的回答都是肯定的，就可以将第一个关于公司DNA和基因类型的句子删除了（因为这是为了你自己而非市场受众而表述的句子）。现在，你就有了定位说明和电梯间故事。

信息架构

接下来就涉及信息架构这一内容了。信息架构为公司叙事提供了构成部件。信息架构是描述公司的一个要素框架，其核心是定位说明，也包括相关的品牌要素及清晰一致的营销和传播所必需的关键要素。实际上，信息架构是公司沟通所有事情的最为重要的工具。此外，你会发现，这也是进行下列业务决策的出色工具，如聘用什么样的新员工，怎样建设文化，应该考虑对什么样的公司进行并购，怎样测量成功以及向什么样的市场渗透等。

在谈及信息架构时，公司可以从政要那里学到许多经验。政要们无论是紧扣主题还是偏离主题，都对信息所要表达的意思极为精通。紧扣主题指的是使用能够反映某位候选人在某个事项中的立场的语言进行表述，无论具体还是宽泛，都可以进行得体到位的表达。演讲片段、短语词组、证明观点等都是用来反映其所代表的立场的。偏离主题指的是从原来的立场中转向，这会导致无法通过核准的演讲片段、短语词组和证明观点来强化原来的立场。越紧扣主题，就越有机会强化公司在市场中的地位。此类事情做得越多，效果就越好。成功的传播需要连贯一致、持续不断，信息架构则为此提供了基础。

实际上，许多研究揭示了信息传播频率的重要性。比如，20世纪30年代，为了帮助电影促销而在好莱坞开发完成的"7"的营销法则认为，人们必须听到至少7次相关信息，才能受到驱动进而形成1次购买。有趣的是，获取7次以上的信息，会形成一种累积效应。如此一来，可以放心地说，早在潜在客户听到信息之前，公司就已经对自己的信息发布心生厌倦了。然而，鉴于我们每天从社交媒体、互联网、电视、收音机、广告牌、通告及聊天中过滤信息的事实，显然，获取某项信息7次远远不能激发共鸣，更不用说激发人们去采取行动了。

然而，时至今日，由于出现了大量的可以用来传播信息的渠道，我们可以充分利用人们多次获取同一信息的这一需求，实现信息的多次获取。我们拥有自有渠道（如网站、博客、时事通信、社交媒体）且可以随意支配。我们拥有获取渠道（我们的公共关系和分析师关系），借助这一渠道，我们可以创作叙事来影响消费者。最后，我们还拥有付费渠道，这一渠道由各种各样的广告和直接营销构成。所有这些渠道都能用来传播我们的信息，用我们希望讲述的故事来建设数字足迹

（在第 6 章中进行详细探讨）。但首先，我们需要那些从定位说明中生长出来的信息。

每一次沟通的机会，无论是页面方案、小册子、销售会议、招聘申请，还是新闻发布、推特推文、广告宣传，甚至飞机上的一次谈话，都是一个又一个重复公司信息的机会。如果一切顺利，那么这些沟通机会都有助于穿越噪声障碍，找到梦寐以求的圣杯。每个机会都应该得到充分利用！

信息架构可以通过最有助于抓取公司品牌本质的语言和声音将公司定位予以明确。我更乐意将其视为一种可以注入公司所有沟通工具的信息病毒。正如病毒在生物生态系统中的移动一样，病毒会在传播过程中进行传染和复制，信息也会在市场生态系统中进行传播。这也是为什么在完成定位说明和信息架构工作之后，你仍然需要确保信息病毒性、持续性散播。每次当信息（或病毒）注入传播工具中时，都要确保信息不走形、不变样。

尽管病毒 DNA 通常会在其整个传播过程中协调匹配，但如果周围环境的某些因素引发了 DNA 的变化，病毒也会随之改变。如果是这样，某些特定的传染就不会发生了。信息传播也是如此。信息架构一旦完成，当你进行信息散播时，信息将不再变化。一旦你开始将信息告知他人，你所做的最糟糕的事也只能是对信息传播的频率和一致性做出改变了。实际上，只有在以下两种情形下，才可以这样做：一是市场或环境发生了显著变化，需要对信息做出调整或进行新的信息发布；二是当信息无法与市场产生共鸣之时。但是，永远不要只是因为对信息心生厌倦，就贸然改变公司信息。

所有这些意味着什么？这意味着公司必须每次都要以同样的方式进行精确的描述，意味着在所有形式的全部沟通传播之中，必须持续不断地使用一模一样的文字描述。公司信息架构如果得到了正确散播，就会引发客户（及潜在客户）吸收公司信息，开始把公司名称和产品与公司勾勒的特定概念相联系。还应该确保公司品牌要素与定位相匹配——也就是让公司的形象和感觉、语调及个性，与公司的作用和价值协调匹配。另外，如果公司一切都做得没有差错——对客户体验而言也无懈可击，协调匹配就已经在行动了！与公司核心本质协调匹配的真实可靠的信息，相比那些与公司核心本质不相匹配的信息而言，更有机会切入市场。

公司信息架构不需要包括下面列出的每一个要素，但必须包括下列一些关键要素：目标市场、差异因子、品类、价值主张、定位说明、关键信息、电梯间故事、品牌原型、品牌个性、品牌驱动以及公司叙事。这一结构将提供给你所需要的向所有公司外部传播渠道（包括每一种自有的、可获得的和付费的渠道）以及内部传播渠道（包括营销（战略、计划、活动）、销售（培训、销售支持、演示文稿）及人力资源（入职引导、招聘、敬业））注入信息病毒的工具（见图5-1）。

目标市场	公司希望用其产品或服务予以服务的市场；由客户及潜在客户构成
差异因子	让公司从竞争中脱颖而出的最显而易见的特质
品类	公司所属的同行组织
价值主张	公司向最重要的客户提供的核心利益；客户购买的根本原因
定位说明	对公司在行业中的差异化角色及公司对客户价值的表述
关键信息	在特定的时间框架内必须被清晰理解的3～5条（不可再多）最重要的信息
电梯间故事	公司故事的简约版本——只列出事实
品牌原型	基于象征手法，为公司品牌分派的基因类型
品牌个性	定义公司的个性化倾向
品牌驱动	最能抓取公司品牌所代表的含义本质的一个词或词组
公司叙事	回答"为什么是我们公司"以及"为什么是现在"这类问题的公司情感化故事陈述

图5-1　信息架构的核心要素

下面是一份所有可能的信息架构要素纲要，其中包括愿景、价值、使命、公司本质中"阴"的部分（定位）以及公司本质中"阳"

的部分（品牌）。我依据坎宁安咨询公司（我的咨询公司）的信息架构对这些要素一一进行阐释，以帮助你写出自己的信息架构。

- **愿景：** 你希望在客户、行业甚至大到整个世界之中留下的长期标志。相对来讲，愿景应该不受时间限制，需要尽力才能实现。想象一下，世界将会因为你公司的存在而有怎样的非凡表现。

  坎宁安咨询公司： 构建非同凡响的品牌。

- **价值：** 那些引领员工行为的核心原则。你可能希望将某些特定的价值包括进来，但公司价值的主体应该适用于公司本身及其DNA和价值主张。列出5～7条即可。

  坎宁安咨询公司：

  ▽ 接受多样化的观点。

  ▽ 通过协作来实现高绩效。

  ▽ 大胆想象。

  ▽ 讲真话。

  ▽ 形成影响。

- **我们的方式：** 公司希望灌输给员工的、旨在维持公司品牌的一致形象的行为规则。

  坎宁安咨询公司：

  ▽ 勇于说不。

  ▽ 拥有颠覆性的心态。

  ▽ 担当导师的职责。

  ▽ 保持个人诚信。

  ▽ 公平对待他人。

  ▽ 承担智力服务的风险。

  ▽ 做团队合作者。

  ▽ 为他人提供必要的信息。

▽ 在行业中发挥积极作用。

▽ 接受新观点和新技术。

▽ 及时了解管理理论和业界动态。

▽ 见森林亦见树木。

▽ 时刻贡献。

▽ 在他人无法做到的地方发现可能性。

▽ 为最高品质而努力。

▽ 帮助客户成功。

▽ 创造奇迹。

- **使命**：你每天为公司愿景的实现而做的工作。如果员工每天晚上回家后都能知道自己每天所做的工作推动了公司发展，员工就会更加敬业，会更积极地传播公司信息。

   坎宁安咨询公司：帮助客户成功。

- **目标市场**：你希望公司产品或服务满足的市场，由公司客户和潜在客户构成。

   坎宁安咨询公司：工程师型公司及那些使用技术为客户提供产品和服务的公司。

- **目标受众**：公司所有的支持者——不仅包括目标市场客户，还包括那些影响目标市场客户的人，即新闻界人士、分析师、博客写手、员工、用户、咨询顾问和经销商，还有所有可能影响客户的人。

   坎宁安咨询公司：技术行业中的人，包括公司人士、分析师、新闻界人士、风险投资家、加速器和孵化器公司人士、杰出人士。

- **差异化因子**：让公司从竞争中脱颖而出的最明显的品质。

   坎宁安咨询公司：基于业务目标进行传播的战略方法。

- **宏伟、艰难和大胆的目标**：宏伟、艰难和大胆的目标，由詹姆斯·柯林斯和杰里·波斯斯在其富有创意的《基业长青：企业永续经营的准则》一书中提出，指的是一种超级目标，这种目标具有愿景性、战略性和情感吸引性的特点。

坎宁安咨询公司：做大公司，与麦肯锡竞争。

- **品类**：公司所属的同行组织。

坎宁安咨询公司：品牌、营销及传播机构。

- **价值主张**：公司为最重要的客户提供的核心利益。然而，这并不是公司所做的一切事情，也不是公司产品或服务所提供的最显著特征，而是指客户购买公司产品或服务的根本原因。

坎宁安咨询公司：我们助力公司获得市场增长。

- **信条**：许多公司的创立，基于这样一种强烈信念——世界会因其创立而不同。这种信念驱动着产品研发、员工管理和客户获取。

坎宁安咨询公司：我们相信，在数字时代，伟大的品牌是基于口碑而建立的，是基于战略定位和内容营销的结合而得以传播的。我们相信，通过撰写引人注目的公司作用和价值说明，将其在富有说服力的、通过巨大的数字足迹加以强化的公司叙事中予以清晰表述，可以实现伟大品牌的建立。

- **哲学**：驱动公司业务进展的意识思想，公司期望员工具备的潜在观点。

坎宁安咨询公司：我们的哲学根植于这样的理念——形象基于物质存在。定位，作为形象的焦点所在，是让物质显现其特殊性的清晰表达。哲学也是公司竞争力的核心组成部分，是导致市场成功的根本因素，这就意味着定位处于我们所做的一切的核心位置，也意味着我们需要在定位过程中获得来自高层领导团队的投入和参与。

- **定位说明**：对公司在行业中所起到的差异化作用及公司对客户价值的清晰表达。这是对"你是谁"和"为什么你如此重要"这两个问题的权威说明。基于竞争优势和差异化的理解，定位说明是表述公司所界定的空白领域的独特说明。

坎宁安咨询公司：坎宁安集团是一家聚焦于客户体验的母亲型公司，是一家品牌战略策划与执行公司，为技术公司提供新颖而富有洞见的定位方法，以帮助其获得市场增长。

- **业务范围**：大型公司在定位上面临双重挑战，一是必须清晰表述公司的作用和价值，二是必须描述一系列不同的产品和服务。在转型、转向及重新设计（任何一种都有可能会在市场上引发关于公司作用和价值的混乱理解）时，从最高层面撰写一份说明。围绕公司所从事的业务范围进行沟通确实是一个不错的想法。

坎宁安咨询公司：我们提供基于定位和内容营销的品牌战略服务。我们通过界定和表述公司在市场中的独特定位和包括内容营销在内的一系列积极举措和活动，对这一定位予以表达，以帮助公司获得产品和服务的增长。

- **产品和服务**：从最高层面围绕公司价值主张进行公司产品和服务描述的设计，是极为有用的。这些说明应该对这一问题做出回应："公司提供什么样的产品或服务？"

坎宁安咨询公司：

▽ 提供包括品牌、营销及传播策略的咨询服务。

▽ 提供阶段性营销及传播方面的领导支持。

▽ 提供品牌建设及重建、市场增长及公关实施等方面的服务。

▽ 提供一篮子营销服务，包括为具有特定需求的小型公司提供全面的营销组合打包服务。

- **战略支柱**：怎样界定公司业务范围？每家公司都需要基于少数几个能够代表公司战略的支柱进行运营。这些战略支柱不应该是专属性的，但应该能够阐明公司最高层面的战略，能够有助于公司的差异化运营。

坎宁安咨询公司：

▽ 界定独特而有效的框架模型。

▽ 广泛传播我们的思想与方法。

▽ 做伟大的事。

▽ 创造机会，克服困难，促进实施。

▽ 创建信众社群。

▽ 以创始人的心态要求自己。

▽ 进行战略性合作。

- **关键信息**：除了定位说明之外，公司总是会就一些最为重要的信息与最为重要的受众沟通。这些必须是在一个特定时间框架内需要理解的最为重要的 3 ~ 5 条（不能再多了）信息。随着市场的转换和信息的接收，这些信息也会随着时间的流逝而演化。设计一份地图，确认一下公司希望随着时间的流逝让这些信息进行怎样的改变，这不失为规划信息改变、了解何时进行信息改变的有效方法。当然，公司定位应该自始至终协调匹配。

  坎宁安咨询公司：

  ▽ 公司 DNA 至关重要。

  ▽ 定位和品牌是阴阳之道。

  ▽ 成功源自定位和内容营销的交汇与结合。

  ▽ 掌控自有的、可获得的和付费的信息发布渠道至关重要。

  ▽ 公司叙事的细致使用能够构建一个巨大的数字足迹。

- **电梯间故事**：公司叙事的简要版本（"只是事实即可"）。你怎样在乘坐电梯从一楼到二楼这样短的时间内，将公司故事进行完整讲述？故事需要包括目标市场、定位说明及信息架构中的一两个核心要素。

  坎宁安咨询公司：坎宁安咨询公司是一家聚焦于客户体验的母亲型公司，是一家营销、品牌战略及传播公司，为技术公司提供新颖而富有洞见的定位方法，以帮助其获得市场增长。我们帮助客户通过一个经过验证的战略定位框架模型来界定其独特的作用和价值。我们通过对自有的、可获得的和付费的内容传播渠道的掌控，借助战略定位框架模型进行营销。所有这些均围绕着构建一个巨大的数字足迹这一目标而展开。

- **品牌类型：**一种基于象征手法对公司品牌赋能的类型。其观点是将公司品牌附着在某种标志性的事物之上。这套标志性事物已经嵌入了分析心理学派创始人、心理学家卡尔·荣格在其所称的人类集体无意识理论之中。我们使用的这种原型系统最初由荣格于20 世纪中期首先创立，随后被众多营销人士进行了改编和调整。在进行品牌研讨会议时，其中一种活动是通过分发印有不同原型的卡片来进行的。这种活动有助于客户对公司的品牌达成某种结论。一旦了解了公司所属的原型，就可以更好地进行营销举措的规划，从而让这些举措不仅与公司原型协调匹配，而且可以确保更好、更一致、更可信的沟通传播。将这种情感性的品牌活动与理性的定位活动结合在一起，就能够形成关于公司品牌阴阳两个方面的完整画面。下面列出的就是这 12 种原型，这些原型在不同程度上反映了四种支配性的主题：稳定性、独立性、控制性和归属性（见图 5-2）。

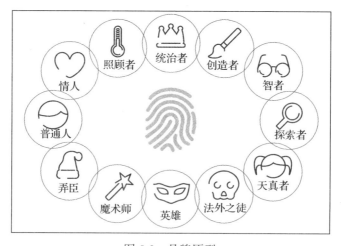

图 5-2　品牌原型

▽ **统治者**：通过信心、决心和影响力，领导他人到达共同的目的地。

▽ **创造者**：经久不衰的美与价值的时尚所在。

▽ **智者**：基于研究、客观和勤勉，发现真理。

▽ **探索者**：致力于改变环境。

▽ **天真者**：通过持续不断地做正确的事，实现简单而纯真的生活。

▽ **法外之徒**：通过挑战和不墨守成规式的创建来获得自由。

▽ **英雄**：通过勇敢的行为和服务来避免使他人受到伤害。

▽ **魔术师**：通过提升忠诚和好奇心（常用来指愿景）来帮助他人获得体验。

▽ **弄臣**：依靠幽默和搞笑来吸引朋友、化解敌意。

▽ **普通人**：通过谦逊、勤劳和友善的品质来与他人建立联系。

▽ **情人**：努力与周围环境保持紧密联系。

▽ **照顾者**：通过支持他人需求的实现来帮助他人感受到爱。

　　坎宁安咨询公司：首先是智者原型，其次是法外之徒原型。

● **品牌个性**：像人一样，公司也有界定自己的性格和个性的倾向。个性倾向包括友善的、活泼的、勇敢的、创新的、专业的、保守的、平和的、高兴的、有趣的等很多不同表现。

　　坎宁安咨询公司：

　　▽ 战略性的

　　▽ 睿智的

　　▽ 坚定的

　　▽ 聪明的

　　▽ 乐观的

　　▽ 周密的

　　▽ 老练的

　　▽ 诚实的

　　　　▽ 敬业的

　　　　▽ 适度而不过分的极客精神

- **品牌驱动**：最能抓取公司品牌所代表的内在本质的词或词组，是一个以非情感性术语描述公司本质的词或词组，但这并不是品牌主张。相反，品牌驱动是将公司的一切触点告知客户的一个概念。

　　　　坎宁安咨询公司："啊哈！"

- **品牌特质**：品牌像人一样，具备一些与个性倾向相伴而生的特质。特质不是人格化。诸如**流行的、根深蒂固的、新颖的、健康的、全球的及区域的等**，这些词都是品牌特质。

　　　　坎宁安咨询公司：

　　　　▽ 可信赖

　　　　▽ 富有经验

　　　　▽ 高度影响力，低调行为作风

　　　　▽ 富有效率

　　　　▽ 不虚夸

　　　　▽ 少即是多

- **品牌承诺**：公司品牌对客户做出的根本承诺。最佳品牌能够为客户带来根本性利益或价值的承诺。一旦做出承诺，就应该永远坚守。

　　　　坎宁安咨询公司：具有市场驱动力的"啊哈"。

- **成分品牌**：一些品牌聚合了成为其他事物关键要素的力量。这些要素成分能够将普通产品转化为更好、更有趣、更健康、更快速、更生动的特定产品。成分品牌（如 Intel Inside、NutraSweet 和 Dolby Surround 等）能够对其他产品进行赋能、强化和提升。

　　　　坎宁安咨询公司：不适用。

- **声音**：公司可以通过词语和语调的选择，以文字或视觉的方式对公司品牌做出描述或阐明，这些选择应该与公司品牌原型和个性相互协调匹配。这些内容一旦确定，公司资料的准备和视频的制作会更加真实可靠。

坎宁安咨询公司：

▽ 理性的

▽ 清晰的

▽ 直接的

▽ 通俗的

▽ 深刻的

▽ 有趣的

▽ 富有洞见的

- **关键词：** 每家公司都设计了一些词语来帮助强化其定位。与品牌主张（下文会有介绍）不同的是，关键词在叙事中起着"色彩"的作用。来自消费者世界中的几个例子包括："零卡路里""值得传播的观点""小绿水晶"和"更睿智、更少电话"。

坎宁安咨询公司：

▽ 到达啊哈

▽ 市场创新

▽ 富有说服力的叙事

▽ 引人注目的作用和价值

▽ 你是谁，你为什么如此重要

▽ 公司 DNA

▽ 定位 6C

- **公司叙事：** 关于公司的富有情感的故事。这是将公司定位注入情境的大好机会。通常，叙事需要回答两个问题：一是"为什么是你所在的公司"，二是"为什么是现在"。公司叙事应该富有说服力、激动人心、令人信服，并且能够对潜在客户进行成功转换。

你可能希望将叙事发布在"品牌手册"或公司网站中"关于我们"这一部分。

坎宁安咨询公司：早在 20 世纪 80 年代早期，我们的创始人安迪·坎宁安就有了与技术行业内两个最具愿景眼光的思想家史蒂夫·乔布斯和雷吉斯·麦肯纳合作的匪夷所思的机会。正是在发布麦金塔电脑的过程中，安迪形成了自己的方法和技艺。与史蒂夫的合作，让她学会了大胆思考、让不可能变为可能以及与客户进行情感联结的路径和方法。从雷吉斯那里，她认识到，战略定位是出色营销的关键所在。

多年来，安迪对这些经验精雕细琢，将其打磨成了一种哲学理念，并随后形成了一种框架模型（最终在本书中被称为"到达啊哈"）。在这种哲学理念和框架模型的引领下，坎宁安咨询公司得以创立。这是一家提供新颖而富有洞见的定位方法，以帮助公司获得市场增长的专注于营销、品牌战略和沟通传播的公司。由于互联网带来的传播渠道的大量涌入，今天的环境比以往更为嘈杂，而公众接收信息依旧像以往那样艰难。过去那种行之有效、真实不虚的影响媒体进行公司故事传播的方法再也不像以前那样奏效了。是时候做出一些改变了。

我们在所有的项目中应用安迪经过验证的战略定位框架模型，帮助客户界定他们在世界中的独特作用和价值。随后，我们通过构建巨大数字足迹的目标设计和对自有的、可获得的和付费的内容发布渠道的掌控，将客户定位带入市场。借助这一步骤，我们在市场上形成舆论，改变行为，以帮助客户赢得成功。

我们主要为技术领域的公司提供服务，有时也为那些依靠技术来开展业务的其他领域的公司服务。我们的专长在于通过技术及技术定位来取得成功。我们界定理想定位，设计信息，撰写叙事，以帮助公司通过独特而强有力的方法，对其战略和差异化进行清晰表述。我们随后会应用各种策略技巧来创作公司故事，将其编织到市场对话之中。

为了实现这些目标，我们培训并激发内部团队成员进行信息工作；对内容开发和发布进行管理，并对公司新故事予以界定；规划广告活动以获得市场关注、激发客户兴趣；对营销、销售和人力资源的沟通传播进行渗透影响；对影响者进行界定和教育；将主管人员在恰当的时间安排在恰当的位置之上，并给予正确的信息支持；在某些情形下，对客户的传播团队和服务机构进行直接领导。我们通过妥当应用语言和各种信息发布渠道来对技术品牌做出界定或重新界定。

● **品牌主张**：一个能够总结公司希望表达的根本价值的简短而朗朗上口的短语。如果定位活动做得正确无误，那么品牌主张通常会奇迹般地现出真身。之所以出现这样的现象，原因在于先前所有的工作投入彻底而深入，从而真正理解了公司独特的作用和价值，理解了品牌主张所要表达的情感要义。品牌主张常常与公司标识以一种"锁定"的情形捆绑在一起。两者相辅相成，共同出现，从而对公司根本的价值予以强化。

坎宁安咨询公司：到达啊哈！

总结一下，信息架构包括在更高的层次谈论公司营销这一主题所需要的一切工具。记住，营销涉及的是市场的教育，是对公司的关注和兴趣的激发。正如销售人员所说，营销"为漏斗顶端提供资料"，意思是说，营销从销售团队开始，为目标市场的拓展进行资料准备。

值得注意的是，信息架构仅仅是一种营销资料而已，并不包括销售脚本、战术及销售信息。销售资料需要聚焦于产品、服务及解决方案之上，需要高度体现公司的价值主张。正因如此，销售资料的撰写必须对客户异议和竞争话术予以应对。当然，销售资料应该能够在更大范畴的公司故事框架下得到相应的映射。当销售人员与潜在客户进行沟通时，销售人员可能会接触到信息架构中更高层次的一些信息，需要对公司、产品和服务具备某种程度的理解和把握。如果事情并非如此，销售代表将不得不从公司故事这一起点出发，随后再进入更具体的产品和营销话术。

当然，这也是将信息架构置于一个更方便、更易于接触的位置上会如此有用的原因所在。我们常常为客户制作讲述公司叙事的精美图册，将其作为公司叙事的提示物，提供给员工和合作伙伴使用。信息架构中的要素应该出现在公司网站及广告、公关、社交媒体、人力资源资料及公司传播所涉及的其他所有地方。

第6章

定　位　激　活

你已大功告成。你懂得了该怎样谈论公司；在市场需求、机会、竞争及趋势发展这些塑造公司品类的相关要素之间，你知道了公司的精准位置所在；你清晰地了解了怎样表述公司的作用和价值，你也有了一个清晰的价值主张；你的关键信息扣人心弦。现在，是时候告诉世人了。

但是，请等一下。准确地说，应该怎样做呢？

很多公司一旦将理想的定位写到纸面上，便马上急着要开庆功会了。然而，很多时候，这些公司并没有让定位焕发生机，获得新生。列明营销活动的资料最终可能会被扔进众所周知的某人的抽屉中，难见天日；或许，这些资料会被首席执行官漂漂亮亮地立项推行，却不为销售团队所认可和接受；或许，这些资料最终会在网站上被全新地展现出来，却无法进入客户的心目之中。本章提供了一个可以激活公司定位的框架。

激发定位的活力

当公司做好信息架构的构建之后，接下来，激活定位便登场了。这既包括在整个组织内部激活公司信息，也涉及向组织外部的整个世界激活定位。这需要围绕如何将活动、接触点、沟通工具、事件甚至物理环境等与核心信息进行连接，进行整体性、战略性的思考和筹划。激活定位并不意味着仅仅对公司营销沟通进行调整。这不意味着只要营销部门出场将一些资料重新写一遍，或是更新一下网站就万事大吉了，也不意味着只需要改一改新闻稿的模板格式、创作一份 PPT 文件或设计一个全新的视觉识别图像那么简单。相反，激活定位需要将公司定位和关键信息注入公司所有的沟通工具之中，以确保公司内外部受众经常性地接收到公司的精准信息。激活公司定位意味着让公司团队成员能够理解他们的职责是如何与公司战略的全新表述紧密相关的，明白他们应该怎样做才能对公司战略提供相应的支持。

在探讨具体细节之前，我们先列出激活所有新定位的秘诀：像对待产品上市一样对待定位。像所有经过完美执行、整体规划的产品上市一样，新定位的推出应该毫无保留地做好下列所有工作：

- 公司做好充分准备，对新定位进行营销并提供支持。
- 对市场理解和接受新定位做好相应的准备工作，随后进入该市场。
- 保护好现有客户，保护好与现有客户的关系。

激活定位

显然，在首次展示公司新定位时需要优先考虑的目标事项并不难列出，像公司网站的更新、销售资料的调整、公司会客室内标识的更改以及产品包装上的文字措辞等，均属于公司新定位首次展示时可能需要关注的重要事项。然而，公司需要更多地从整体上思考如何才能为定位带来生机与活力。新定位的发布需要从内外部受众两个方面进行考虑，需要考虑两者的交融共通之处，需要对抵达内外部受众的信息发布渠道予以权衡取舍。其中，内部因素包括公司的整合协作、企业文化、销售协作、物流及资金支持等。公司必须掌控自有及付费的信息发布渠道。外部因素包括公司的公众形象、营销及公关、客户反应机制等。公司必须对自己通过努力赢得的信息发布渠道做到充分掌控（见图 6-1）。

在激活定位时，不要忘记从阴阳两个方面对定位和品牌策划展开思考——这是反映公司本质所在的两个相互关联但又彼此独立的方面。

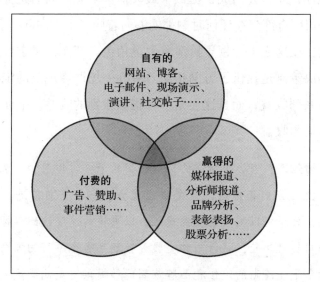

图 6-1 信息渠道

你也许还记得，定位是阴，它代表着对公司战略的理性表达，所表述的是公司在市场中的作用和价值。品牌是阳，是对公司战略的情感性表达，是由公司品牌"更柔性的一面"组成的，包括公司的个性特点、品牌属性、产品外观与感觉、公司人格化的语气等；其他属于阳类的因素包括公司标识、品牌主张、环境氛围及物质要素——从公司大厅到公司网站及公司名片等一切事物。阴阳两个方面的要素合在一起，构成了公司的信息架构。借助这一信息架构，可以勾勒形成公司的目标市场、差异化因子、品类、价值主张、定位说明、关键信息、电梯间故事、品牌类型、品牌个性、品牌驱动、公司叙事及其他事宜。

让所有人达成一致

一如既往地，公司内部和外部之间相互关联的事项需要协调匹配：高管人员需要就战略及定位达成一致；整个公司内部及外部市场之间的信息需要协调匹配。正是这种协调匹配，同时辅以信息沟通的持续性和常规性，才为公司成长提供了最大优势来源。因为这种协调匹配会迫使公司所有部门在任何时刻都能够向着同一个方向前行。

当然，在这之中，领导扮演着关键角色。然而，是定位为公司每个部门的决策制定提供了方向指南。举办一场严谨规范的定位活动可以取得一系列收益，而且这会是一种指数级别的收益。下面列出了五项显而易见的收益：

- **能量效率：** 当公司所有的部门都聚焦于公司作用和价值这一至高无上的方向指南时，整个组织就会向一个方向前进。结果会怎样？公司将以更少的资源投入，以更快的速度达到目标。太多的公司转动车轮，将时间和金钱分散到了各个不同的方向。在这种情形下，清晰的定位和品牌策划能够提供避免此类恶果出现的所有行动指南。

  思科就是这样一家能量效率得以正确实施的典型代表。约翰·钱伯斯担任首席执行官后不久就与我联系，探讨我们怎样才能帮助他从日复一日的销售集线器和路由器的业务中解脱出来，将公司提升到一个新的高度，以实现他集合所有员工的协作努力、增加公司价值的目标。

  那时是20世纪90年代中期，我们正确地预测到，初露端倪的互联网将永远改变通信行业的面貌。思科从本质上讲是一家提供渠道以使得互联网运转的通信公司。因此，我们认为，为什么不在市场上创造一个定位，既可以为思科谋求一个进入互联网行业的机会，又可以令其足具魅力，以吸引公司所有员工焕发激情去做出一番更伟大的事业呢？（更不用说，在实现更高价值追求这一憧憬方面，该定位对市场而言也具有同等的魅力。）

我们以这些组合形成了一个思想领导平台，我们称之为"思科和互联网经济"。当时，主导广播和电视节目的首席执行官只有两个：英特尔的安迪·格鲁夫代表的是硬件这一领域；微软的比尔·盖茨代表着软件这一端。当时，没有人会有哪怕一丁点儿这样的概念：在互联网行业的构成中，还可以容许插进第三只脚，将双头垄断的局面改写成为三国争霸的场景。当然，除了我们之外，再无他人！我们赌的是：我们能够在这其中加入一个关键矢量，将约翰·钱伯斯定位为促成这一场景的那名领导者。为了这一目的，我们委托得克萨斯大学进行了一项针对互联网机会的量化调研。我们将这项调研称为"互联网经济研究"，并在我们自己的信息渠道上对此进行了广泛传播，同时又以此作为一项公关活动的基础，以便既教育市场，又推介思科——特别是推介约翰·钱伯斯。我们将他作为我们所创作的这一叙事的所有者予以推介。我们在思科网站上上传了自我评估的信息，其他公司也可以通过访问网站来了解互联网，核查约翰的日程安排。我们对钱伯斯的演讲进行了适当的约束和限制，要求他只对安迪·格鲁夫和比尔·盖茨才能谈论的事件进行演讲，以确保钱伯斯的演讲能够聚焦在互联网经济及其对人类的影响等相关的高水平主题之上。

媒体迅速采用了"互联网经济"这一短语，接下来创造了"微特思"这一称谓来代指微软、英特尔和思科三家公司。结果是一场出色的本垒打。思科从此就永远与互联网联系在了一起；约翰加入技术行业的诸神殿，成为关键CEO中的一员，其威望如日中天；公司价值从12亿美元，到1995年约翰成为首席执行官时，已经攀升到了430亿美元；公司员工聚在一起，研制出了那些最终能够使得互联网经济依赖思科而获得发展的产品。这也向你揭示了这样的一个事实：一项伟大的产品、一位心怀愿景的首席执行官、一个动人心弦的叙事故事能够合在一起，构建一个世界级的品牌。

● **资源保护**：员工及投资资源是公司最重要的资产。基于公司成长的目的进行资源配置应该成为公司的首要工作。为这种资源配置提供方向指南看起来非常简单，然而，实际上，当公司拥有数量众多的人员和五花八门的部门时，这种资源配置就不会像想象的那样简单了，甚至小型公司也面临同样的问题。公司会有一个财务目标，会有发展的时间期限，会需要一些人在营销方面做一些工作，与此同时，销售人员已经打电话要求更多资源了。初看起来，这能有多难？实际上，对最高层的领导来说，在没有愿景和使命为员工指出正确方向时，在他们试图对"我们是谁""我们为什么如此重要"做出回答时，资源配置会非常困难。定位让公司协调匹配，从而使得回答这些问题成为可能。

推特在"发现自我"这条持续不止的旅程中失去了各种资源，可以算是这一方面的典型案例了。据《纽约客》2016年1月29日的一篇文章所言，推特在上一个夏季经历了一场"大规模的高管人员流失"危机。作者提到，"让推特担忧的是衰败问题，越来越多的数据表明，这是公司正在进入的一种状态"。价值问题，当然，也是一种定位问题。

● **集中注意力**：当组织（一家软件公司、一个运动团队、一群狼）专注于某个特定结果时，成功通常会随之而来。每一个个体可能都有一项具体的工作，但所有人的工作都有一个共同的焦点。如果公司、团队或狼群按照其应该运行的方式运行，每一个成员都知道组织力图实现的目标，每一个成员都与组织所要实现的目标紧密相连，那么结果如何？软件公司推出了一款卓有成效的产品，运动团队赢得了比赛，狼群填饱了肚子。但如果缺失了焦点，灾难会随之而来。

举例来说，再进一步看一下雅虎吧。这是一家拥有10亿级用户的公司，似乎拥有无尽的机会。即使如此，显而易见的是，这家公司无论经历了多少次领导更迭，依旧未能界定其作用和价值。毫无疑问，这也是数不胜数的公司重组的原因所在。威瑞森收购案导致了雅虎与美国在线公司的整合，这次重组形成了现在称之为Oath的这家公司。既然Oath（以前的雅虎）以一家涉及广告、内容、搜索和移动业务的平台公司而知名，你可能会认为它能够与谷歌和Facebook两家在美国国内占据主导地位的网上广告公司进行有效竞争。既然威瑞森收购了这家公司，对其紧随两大巨头进军行业三强的欲望也并不掩饰，那么，这似乎确实已经是一项显而易见的战略了。但是，一项与另外两大巨头迎面竞争的战略并不是一项成功的定位战略。谷歌是一家基于搜索的广告平台，而搜索则是众多人员根深蒂固的日常习惯。Facebook也是一家广告平台，但它是以家庭和朋友构成的社交网络为基础的公司。Oath是什么样的呢？它提供什么价值？如果这些问题没有清晰的答案，那么威瑞森公司可能发现，自己依旧会和卡罗尔·巴茨和玛丽莎·梅耶尔一样面临同样的身份界定的问题。两人在担任雅虎首席执行官、取得非凡成就的时候，就一直深为这一问题所困扰。

- **认同与接受：**众人划桨驶大船。欲要桨手协调匹配，就需要在定位阶段让其参与其中。不管身处何位，没有认同，谁也不会接受。此外，除非人们使用定位，否则定位也一文不值——当然，这也是高管团队的每一个成员必须参与定位流程（并在定位方面做得更多）的另一原因。曾有人问我："为什么你们需要首席财务官参与到定位中来？"因为认同。我们总是将首席财务官（及高管团队的每个人）纳入定位活动，原因就在于：当需要首席财务官进行财务核算时，他不仅需要了解期望的结果，而且需要为这一结果做出努力。那些参与计划制订并全面而彻底地参与到其中的人，更有可能付出后期的努力。确保高管人员（这样一来，在整个公司范围内）认同并接受的唯一方法，便是将每一个人都包括到定位过程之中。协调匹配是关键所在。毕竟，定位是一项团队运动！或者说，至少应该如此。

这里也有一个相关案例：20 世纪 90 年代后期，在鲁毅智担任摩托罗拉半导体产品部门领导时，他邀请我参加他的"半导体重新定义小组"。这个国际性工作小组由一名引导师领导，他的职责是重组这一部门并聚焦未来的机会。鲁毅智通过宣布第 3 章描述的鲁毅智原理，启动了这场长达一年的活动。该原理是：60% 的人同意，100% 的人接受。这种与人员参与度相关的规则，让由来自世界各地的高管人员构成的、存在迥然差异的小组，在很短的时间内，就投入了观点介绍、创意整合及方向决策。多年来，我对这一原理进行了反复应用。无论何时，当我需要打破僵局时，我都会将这一规则引入定位活动。这一原理能够去除集体思维、优柔寡断以及过多的共识构建等弊病。

● **和谐统一**：我通常会告诉新客户，不需要与他们交流，我就已经知道了他们的定位说明。这很明显：他们希望的是以无所不包的方式服务所有的人。这常常会引发大笑，当然，原因在于一项产品或服务从来不会是面向所有人的万金油。然而，它可以是针对某类人群的某项产品或服务。高管人员越早围绕某项产品或服务达成一致，越早接受这一观点，公司就越能强烈地感受到由此带来的激励，感受到越来越强烈的协作意愿。每个人都有一项与众不同的技能，就像运动员团队一样，任何工作的成功与失败都在很大程度上取决于这些领导之间的合作如何，取决于他们之间的联系如何——也就是说，取决于他们是否有力协作，能否围绕北极星所在的方向整合前行。

正如第4章提到的那样，我们与黑莓合作，将公司叙事由一个发展受限的硬件故事向一个动人心弦聚焦软件的新叙事转变。原因在于，黑莓不再是几年前那家在智能手机领域所向无敌的领导者；原因在于，在致力于转型的首席执行官程守宗的领导下，公司正在向企业安全软件这一领域转向。我们决定将其宏伟、艰难和大胆的目标设定为"为公司重新定位一项新意义"。在定位过程中，我们挖掘出"物联公司"这一市场上的空白空间，随后确定了如下定位说明："黑莓是一家移动应用安全软件服务公司，致力于为物联公司提供安全保障。"

当然，整个领导团队参与了那次定位活动，而且每个人都对定位的探讨做出了贡献。开始时，大家对物联公司空白空间还有一点儿怀疑（当时，对团队来说，这还是一个陌生的术语），但随后，每个人便开始接受这一机会。同时，程守宗清晰地说明，公司会沿着物联公司安全这一方向前进。收益如何？在我们开发完全部叙事后不久（叙事会在本章稍后介绍，我们撰写叙事旨在激发员工投入新黑莓的工作中），事情就很明晰了：公司各个部门通过会议、博客及社交媒体，开始讲述这一故事。该叙事甚至出现在了人力资源部门的招聘资料中。为了强化这一叙事（尤其是为了未来的人员招聘），我们还创作了"品牌小册子"。至此，它变成了专属于黑莓的故事——一个每个人均与之相关的故事。我们达到了这一目标，原因在于公司的领导核心小组参与到了这项工作中，接受了这一结果。

当公司团队围绕公司品牌的阴与阳进行工作时，自然会获得良好的回报。每个人都开始在同一本赞美诗集中哼唱（和谐无间），直到融汇成一曲优美的合唱。

从信息架构到市场共鸣

现在好了，你已经赢得了高管人员的认同，信息架构已然建立，叙事也动人心弦。该是注射定位病毒的时刻了：先注射到公司内部，然后注射到市场之中。此时的目标是从信息架构的建设阶段进入市场共鸣的实现阶段。

不管公司有多少员工，每个人都应该是公司故事的传播者。因此，首要之事便是：培训他们。

我发现，此类培训的最佳方式是以小组的形式——如果可能，可以单独培训每个人，用几张强化信息的幻灯片即可。做此类培训的最佳人选是那些资历深厚、值得信任、善于沟通的人士。这里的关键是将这些培训会议作为激发员工继续传播这些信息的机会加以利用。通常，我在开始此类培训时会向小组成员发问，他们是否有过乘坐飞机时必须回答此类问题的经历："你在哪里工作？你所在的公司做什么业务？"我们都有过这样难以回答的经历，很多人，尤其是技术领域中的人，最终会讲出许多看起来似乎并没有太大意义的话语。我告诉他们，公司的新叙事会改变这一切，他们有传播新叙事的职责，公司需要他们的帮助。

随后，我会把我们创作的叙事读给他们听。我知道对一名经验丰富的主持来说，阅读是令人生厌的，但为了这一特定目的，我发现阅读是极为有效的。面对公司的新叙事，用恰当的语音、语调进行陈述，对叙事的沟通至关重要。演示本身也是如此，这也是除了借助幻灯片来说明叙事之外，我面对受众付出努力进行陈述并力求生动的原因所在。

下面是我们为黑莓创作的叙事，也是我为黑莓每一个部门朗读的脚本：

很久以前，黑莓是智能手机领域的巨人。绝大多数需要或希望获得智能手机的人都有一部黑莓手机。我们研制完成了今天智能手机上的许多功能，我们建立了世界上最受认可的品牌之一。我们是市场领导者，我们独步江湖。更重要的是，我们与客户发展出了一种强有力的情感联系，这种联系直到今日依然存在。我们深受客户喜爱。

然而，市场已然改变。苹果公司推出了 iPhone 手机；谷歌将安卓系统推向了市场。猛然间，竞争已经无处不在，竞争正在迅猛进展。我们的进展不够迅猛。我们失去了把控，落在了后面。我们看到市场份额急剧下降，公司价值随着时间的流逝而衰减。但不管怎样，我们持续不断地在连接安全与移动应用领域进行创新，我们开始聚焦软件领域的创新而非硬件领域的创新。

这一切发生在董事会引入新首席执行官之时。程守宗于 2013 年作为公司领导加入我们公司。在这之前，他在 Sybase 任职期间，取得了转型成功。他认可我们的传奇发展，相信黑莓能够再次成为领先企业。但是这次需要充分利用我们的软件、安全和移动应用资产，逐步退出手机的制造、分销和营销。我们胜利在望。除了我们的新领导和我们在软件领域的聚焦，我们还拥有赢得成功的有利市场条件。现在正是黑莓再次成为领军企业的时候。

物品、设备和计算机之间的网络连接预示了我们生活、工作和娱乐方式的转型。物联网作为我们这个时代最重要的一个发展趋势，正在初露端倪。人与物的连接将会成为客户的新常态，但在这背后，公司发展、营销、分销和产品销售的方式正处于转型之中。"物联公司"正在扑面而来。

这些不断扩展的连接正在以迅猛的速度加剧着我们的安全隐患。数据泄露和网络安全的威胁是实现物联公司最大潜力的核心障碍。必须能够私密而可靠地在端点之间进行敏感信息的传递，以确保人员、信息和物品的安全。

市场对安全的需求，正在从计算机网络向端点网络转移，传统的安全软件商正在努力填补这一需求缺口。现在，黑莓无可匹敌地具备应对这一新兴市场需求的资质，因为公司拥有传承已久的领导能力，在保护和管理移动设备方面一直进行着持续不断的创新。黑莓不再是一家智能手机领域的公司，而是一家在手机、汽车及集装箱、医疗设备及穿戴产品、家用电器及工业机械领域的智能公司，其产品范围最终将涵盖整个公司领域。黑莓软件提供嵌入式智能，为物联公司保驾护航，进而助力物联网的茁壮成长。

我们意在成为一家拥有安全标准体系以管理公司内部网络端点的领军型软件公司。除了开发和获取我们的应用程序之外，我们还助力客户开发他们自己的应用程序，构建程序开发人员社群来研制第三方应用程序。

黑莓公司及其相关的应用软件，正出现在安全移动通信发挥着关键作用的每一个行业领域。举例来说，我们的软件具有以下功能：

- 阻止黑客在计算机及其他设备上的渗透。
- 为供应链通信安全领域提供智力支持。
- 确保医疗保健领域中患者的隐私。
- 在整个产品研发及分销系统中助力通信安全的实现。

- 确保建筑项目能够按照与公司项目管理相连接的移动设备中的日程管理来安全运营。
- 为数以千计处于不同地理位置的顾问人员及其客户提供高度安全的移动通信服务。
- 守护金融领域的资源安全。
- 管理政府机构及军事力量之间的危机沟通。
- 为日用消费品及零售领域的全球雇员网络提供安全无缝的通信服务。
- 保护专有数据，防止竞争对手的攻击。

赠品之类

培训接下来的部分包括回顾和解释信息架构中的不同要素，以便受众能够理解每一部分的含义，了解之所以如此撰写的缘由，弄清楚各个部分如何最终整合、匹配到整体叙事之中。最后，关键是列出讲述故事时每个人的职责，同时还要给每个人相应的工具以便进行故事讲述。我发现，一本小巧的"品牌小册子"在实现这一目的方面效果显著。这不仅是公司的故事，而且是员工自己的故事（见图 6-2）。

可能听起来有点儿蠢，但赠品（我们都会得到的东西）确实很有帮助。人们都喜欢免费的东西。对工程师型公司而言，T 恤总是大受欢迎（然而，一定要确保高品质，毕竟，公司希望人们会穿上这些免费赠送的 T 恤）。当然，帽子、杯子、屏保、手环和水瓶也同样出色。选取故事中的一部分，将其印制到各种各样的赠品之上，你就会得到一件关于新叙事的永久性的提示物。如果在进行信息传播时再加上一些亮点（比如附带一段搞笑的视频），你就可以向员工展示这样一个事实：新叙事确实很酷。目标是让每个人都谈论它、应用它，这就需要依据撰写叙事文本的方式进行谈论和应用。

图 6-2　品牌小册子

除了培训员工之外，还需要确保公司所有的各种各样的部门，不仅要应用这一叙事，同时在进行部门决策时，还需要在头脑中遵循这一新叙事的要求。对营销和传播来说，这点尤其重要。所有的沟通都必须将叙事灌输其中。当然，也不能忘记新叙事在人力资源管理部门的应用。招聘和入职担保中的每一个细节都必须反映新叙事的精神要求。公司希望用公司的相关信息吸引潜在员工，希望即刻将新员工转化成为公司叙事的传播者。高层领导团队应该在所有会议中以叙事为背景进行讨论，应该在制订战略和计划时，将叙事纳入考虑范围。将叙事变成公司的第一语言选择是每个人的工作职责。

最后，不要忽略销售团队的表现。他们是离客户最近的人员，因此，他们讲述新故事的能力便显得尤为重要。他们应该对故事了解得清清楚楚，并能够将故事与他们销售的具体产品和服务紧密相连。必须建立联系，以便在叙事所表达的公司愿景和具体的产品特点之间建立桥梁与纽带。销售团队在这些方面需要支持和帮助，因此，要确保能够针对每一个产品和每一个纵向市场构建一个紧密结合的故事。反过来，每个故事都应该被转化成销售支持工具，并确保这些工具易于使用。

接下来要做的是将叙事带入市场。怎样才能赢得外部世界的关注？答案就在对公司信息发布渠道的掌控上。营销部门对自有的、获得的和付费的信息传播渠道负有责任。语言的每字每句都必须包含有助于传播的病毒。这就意味着网站、博客、社交媒体、宣传册、销售支持材料、新闻稿、广告、直接营销及电子邮件营销活动、演讲、白皮书、展览摊位及标志标牌等，所有的一切，均需要嵌入易于传播的病毒要素。

在这里，工具是具有决定性作用的。公司营销团队需要基于叙事创作大量的能够轻松植入所有信息渠道的各种内容模块；每一个可能想到的应用都应具有相关的模块内容，有些是140个字符的推特推文，有些是整张纸的更长一些的模块。我们既需要短语和段落，也需要标志和口号。简而言之，需要准备丰富的已经注入传播病毒的充足内容。

当然，所有内容模块的目标都是激活应用，根本目的是在预算允许的前提下，运用内容营销策略，构建一个足够大的数字足迹。预算不高的小公司不得不主要依赖自有的渠道。没关系。感谢互联网，我们拥有了数十种渠道：网站、博客、优酷、Instagram、推特、色拉布、Facebook、领英、Medium、播客、演讲、客户沟通和时事通信等。当然，也应该包括获得的渠道，如公共关系、分析师关系和投资者关系等。确保新闻稿和报告，不用说，也包括讲话、会议和新闻发布会，都要包含适合叙事传播的语言。将这种传播语言注入所有的分析师简报中，将信息发布整合到财报电话会议中。将其注入所有渠道、所有地方，让每个人谈论同样的内容、同样的事。此外，如果公司有机构支持的预算，要确保服务机构创作的一切都含有传播病毒。

最后一点也甚为重要，掌控公司付费的信息渠道。所有直接营销、现场营销和合作伙伴营销都应该包括公司的叙事内容。确保任何一种形式的任何一种广告也都包括这一信息。公司预算越多，就越能够充分地用公司故事覆盖市场。

大约需要三个月的时间就可以向所有渠道注入这些信息，进而构建完成公司的数字足迹。当然，数字足迹越大越好。用测试市场反应的一些可行的分析工具（比如品牌监测、媒体监测、社会跟踪、情感分析及声音份额等），应该能够了解公司故事的黏性表现。就我的经验而言，具备黏性的信息有点儿像色情作品，难以测量，但看到时却可以心领神会。实际上，黏性故事应该是可以感知的，应该可以从新闻报道、客户反应、员工敬业状况等现象中看到变化。这些现象都可以被分析到极致，而且当这些现象或其变化出现时，应该可以及时知晓。如果事情并非如此，你就会知道，有些地方出错了，或是有些东西已经改变了。此时应该马上行动，调整信息的传送。如果公司定位正确，如果公司选定了一个无人占有的空白领域，如果已经对第4章讨论的定位6C进行了充分考虑（特别是对其内容进行了充分考虑），那么公司将能够在一个季度内发力。预算越多，发力越快。当然，所有这一切都可以用动人心弦的信息，通过对公司自有渠道进行覆盖的方式，以极低的代价完成。

由于每个人都被带入公司的新叙事，协调匹配和定位病毒就会在整个组织内扩散，这样就可以减少摩擦和内讧。还记得肯·奥尔森提过的成百上千艘独木舟的比喻吧，每个人向着不同的方向划行会有怎样的结果？协调匹配会对此做出修正，让公司变成一艘流线型大船，以最大马力乘风破浪、奋勇前行。

第7章

基 因 工 程

对公司而言，如果在你是谁和你想怎样定位自己之间存在冲突，会怎样？是否可以改变公司 DNA 呢？

是的，可以改变公司的 DNA，但这并非易事，而且这并不是一项可以轻松做出的决策。

绝大多数公司持续十年、数十年甚至几百年的时间，不假思索地遵循着自己的 DNA 类型。

为什么会这样？母亲型、工程师型或是传教士型公司的行为已经融入其基因密码。比如，甲骨文就是一家充满欢乐的、坚定不移的工程师型公司。它并不希望向太空发射火箭，甚至也不想设计新一代无人驾驶汽车。与进入新领域相比，甲骨文在其发展过程中似乎更满足于持续不断地针对可以预见（和推测来看有利可图）的未来，围绕一体化云应用和平台服务进行开发与营销，围绕其现有的产品特点进行升级和完善。此外，它所考虑收入囊中的任何一家公司，也都是工程师型公司，正如这些年来它所收购的太阳微系统（Sun Microsystems）、

Taleo、Eloqua、Responsys 以及 NetSuite 等公司。

同样地，像耐克、《华尔街日报》、诺德斯特龙、Etsy 和迪士尼这样的公司给人的印象一直是专注于母亲般的呵护，总是迎合客户的需求和需要，没有任何迹象要改变它们的关注焦点。母亲型公司的定位是这些公司的现状，也是它们一直以来的模式，而所有的迹象表明，这也是它们希望保持的传统。

正如斯蒂芬·托姆克与唐纳德·赖纳特森在一篇发表在《哈佛商业评论》上的文章"产品开发的六误区"中所指出的那样："当华特·迪士尼在设计迪士尼乐园时，他并没有急着增加更多特色（乘骑娱乐设施、花样繁多的餐饮服务、停车位的数量）。相反，初始之时，他提出了一个更大的问题，即迪士尼乐园怎样才能为游客提供一种神奇的客户体验。"

然而，如果迪士尼乐园突然开始以客户体验为代价，对乘骑娱乐设施、餐饮服务、停车位等予以关注，将会意味着什么？这样一种关注点的转换，意味着从母亲型 DNA 向工程师型 DNA 的类型转换。

基因设计

尽管公司 DNA 的改变并不常见，但事实上公司确实可以做出选择，改变其基因构成。比如，亚马逊开始时是一家传教士型公司，公司保留了这种 DNA 的残留影响。然而，一种基因变化正在被纳入其日程。正如《纽约时报》一篇关于该公司降低网站定价的评论中所说的那样，公司"正处于一个雄心勃勃、历经多年的转型过程之中，公司将从一家销售单一产品的商店向一个全面发展的生态系统转变"。同时，公司还对零售平台进行了扩展，以构建一家数十亿美元资金流的网络服务平台。近年来，亚马逊已经衍变成了一家母亲型公司，致力于确保客户能够快速而精准地获得他们想要的物品。为了这个目标，亚马逊或许已经启动了某种公司范围的战略转型，内容涉及员工的雇用、培训和激励，涉及公司组织结构的设计，涉及公司衡量成功与否的方式方法等，不一而足。所有这些，都以母亲型公司的形式，围绕彻底改善现有服务这一目标展开。当然，最能体现这一转型的事件是 2009 年亚马逊对 Zappos 的收购。Zappos 以出色的客户服务闻名。与从内而外地对亚马逊进行全面改造这一选择相比，首席执行官杰夫·贝佐斯看来已经认定，要实现客户第一的思维模式，最好的也是最简单的方式就是收购那家围绕这一主题写作知名专著的公司（或者，至少是一本以 Zappos 首席执行官谢家华写的《奉上幸福》为蓝本的书，该书描绘了如何创造一种积极主动的、以客户为中心的公司文化）。结果就是，谢家华告诉《华尔街日报》，贝佐斯已经在整个组织中实施了一些 Zappos 的实践，其中包括这样一项实践：一些部门的新员工如果在入职几周后发现难以适应公司，并因此而放弃职位，可以获得补偿。

为了一瞥多年来亚马逊的关注点以及其 DNA 转变的历程，可以回顾一下 1995 年亚马逊第一次创立线上服务时的情景。当时，公司希望我们了解的是：它是"地球上最大的书店"。今天，亚马逊官方的声明已经迥然不同，而且更具雄心壮志："我们的愿景是成为地球上最以客户为中心的公司；是构建一个人们进来就可以找到他们希望购买的任何物品的网上购物平台。"确实，他们能够做到这点，只需点点鼠标，就可以购买荧光厕纸、婚戒和铀矿石。正如贝佐斯在一次访谈中所说的那句名言："最危险的是不能进化。"

谷歌，也就是现在的字母表公司，是另外一家驱动 DNA 改变的公司。在这一案例中，它从一家工程师型公司转化成了一家传教士型公司。尽管谷歌最初只专注于搜索业务，然而，多年来，公司已经将其业务重点扩展到了"明日之星"上——从生物科技到人工智能，从可再生能源到自动驾驶汽车，其所涉及的领域无所不包。毫无疑问，其 DNA 的转换具有明确的目的性。在 2014 年《金融时报》的一次访谈中，谷歌联合创始人拉里·佩奇声明，公司正在"寻求更多对人们具有重要影响的产品和服务"，"如果我们能够在一个更大的范围内做到这点"，将会是"非常了不起的"。实际上，他承认公司已经超越了最初的使命宣言："谷歌的使命是组织全世界的信息，让人人皆可访问和使用。"鉴于公司的演化，佩奇认为最大的问题是："我们怎样使用我们所拥有的这些资源，为社会带来更积极的影响？"显然，这是一种登月计划般的思维模式，这种思维模式将让其获得提升和发展，进而超越最初的理想目标——如果用史蒂夫·乔布斯的话来说，那就是"非同凡想"。

需要付出的代价

当然，谷歌从工程师型公司向传教士型公司转变的另一个方向是：由于其搜索和网络广告领域的优势地位，现在的字母表公司是一家拥有巨额现金的公司，可以将之投放到任何一项它所青睐的研发项目上。拥有如此多可以支配的资源，意味着它能够为那些真正聪明的人才提供巨额的资金支持，让他们围绕那些有趣的创意进行长时间的研究，直到他们找到极具前景的创意（或者说即便无法找到也无所谓）。当创意的萌芽一旦扎根，公司充盈的资金会再一次确保公司能够拥有充足的资金，支持创意走过从概念到产品的全部历程。"我们确实从这一事实中获益匪浅：一旦我们说将要做某事，人们就会相信我们能够做到，因为我们有这些资源，"佩奇告诉《金融时报》，"谷歌以这样的方式提供帮助，很难有像我们这样的资金支持机制。"确实，正如《卫报》所说，"佩奇的态度是，'嗯，需要有人去做这件事'，谷歌的资源可以将这件事做得更好"。

这就引到了我的第二个与基因工程相关的观点上。除了这些基本保障，公司在准备进行 DNA 改变时，需要考虑这一事项：除了时间和精力的投入，重构公司还需要花费一笔数额巨大的资金。没有人可以仅仅通过命令这一手段，就能够重建公司，特别是重建一家已经创立多年的公司。这不是首席执行官睡一晚上觉，然后第二天就可以直接宣告的决策。任何一种 DNA 的全面核检都需要投入很多方面的努力。

假设一家拥有 25 年历史的工程师型公司现在想成为一家母亲型公司，从产品导向的理念向客户满意的理念转型。从理论上讲这确实很不错，但转型的道路上会有上千种不同的障碍，首先面对的便是这样的事实：公司如果没有形成一些根深蒂固的习惯和流程，就不可能存活这么长的时间。比如，许多老派的工程师型公司，尤其是那些大一点儿的公司，通常并不知道客户是谁。为什么？因为它们在过去的 10 年中，甚至在过去的 30 年中，都是通过分销渠道销售产品的。这就意味着最了解客户喜好和客户需求的是分销渠道中的人员，而不是公司自己的人员。然而，由于母亲型公司需要彻底了解客户，因此，这种背景下的工程师型公司需要加班加点，重新构建与客户的关系。多数情形下，公司首先需要改变销售结构，从分销模式转换成为直销模式。这是一种需要时间、专业知识和付出金钱的转型。这可不是像这样一说就可以实现的："好了，每个人都听着。现在我们准备向左走，而不是向右走了。"你需要对销售团队予以颠覆，你需要招聘不同的人，以不同的方式培训他们，以不同的方式激励他们。从这以后，你甚至需要依据新的标准来衡量成功。每件事都需要重新考虑、重新修订，而且都需要从头开始。

你一旦将这样一种景象在公司的每个部门之中扩展开来，你就会意识到你所面对的挑战会多么令人气馁，会需要付出多大的代价。对多数公司而言，这样一场"手术"的量级会多么巨大，"患者可能会直接死在手术台上"。

简单地说，DNA 的改变几乎需要公司从每个方面重新进行布线。

接着上文假设的那家工程师型公司来说，在寻求 DNA 转变的过程中，需要牢记的是，产品导向的公司在实现成功布线的过程中，几乎总是需要毙掉一两个或者更多个产品。这种行为通常与工程师型的思维模式是相对立的（对谷歌来说，尽管值得表扬的是，即便在最坚守工程师型 DNA 的日子里，它似乎也从来不怯于从市场中撤出产品——无论这些产品畅销与否）。从整体上讲，也许最糟糕的莫过于向工程师们提议，让他们终止其所推出的某个产品的上市。众所周知，对任何一个层次的工程师（包括（也许尤其是）产品经理和其他一些处于高管团队中的工程师）来说，他们几乎会采取所有可能的举措，以使他们所钟爱的产品存活下来。居于公司核心地位的工程师只会拒绝关闭那些深受困扰而又深受喜爱（就公司而言，而非就客户而言）的产品。在这些产品应该被"安乐死"的时候，却通常被给予了得以继续存活的支持。

这是一个从工程师型公司诞生时起就一直挥之不去的问题。举例来说，在通用汽车公司，有人对铁公爵这款四缸发动机显然是迷恋有加的。从 20 世纪 70 年代末到 90 年代初期，这款发动机被装配到了很多不同型号的汽车上。这款发动机粗糙、低劣，饱受争议，但一两个业务经理这么多年来拒绝宣判它的死刑。更新一点儿的、虽已过时却依旧存活的例子是微软公司的 Outlook，近年来，这款软件由于数不胜数的漏洞和瘫痪，变得越来越陈腐不堪、令人恼火。微软的IE 浏览器也受到了同样的评价。在这两个例子中，大量用户之所以对这一状况一忍再忍，似乎只是因为这些程序内嵌在公司办公系统中而已。

值得深思的道理

然而，尽管在整个公司范围内进行重构以促进 DNA 的改变需要大量的时间和金钱，如果真正决定对公司基因进行全面检查，毫无疑问，通常公司并不一定会像字母表公司或者亚马逊那样，需要几百亿资产的支持才能实现这一改变。你并不需要像这些资产丰厚的公司那样，具备转型成功所需要的那种雄心壮志的气魄。比如，沃尔夫冈·帕克并不准备改变整个世界，他只是想改变一下用餐的方式而已。帕克最初是一个热情洋溢的厨师和餐馆老板，热衷于满足客户个性化的味觉体验（一种教科书式的对母亲型公司的定义，如果有这样一本教科书的话）。在过去 30 多年的时间里，他构建了一个由餐馆、高档厨具和市售食品构成的烹饪王国。总之，他已经具备了工程师的特点，首先关注而且最关注的是产品。正如他在 *Inc.* 上发表的一篇题为"我是怎样做到的"的文章中所写的那样："对我来说，成功总是首先关注产品，然后再关注钱，不管是一罐汤、一个煎锅，还是一家餐馆，都是如此。"在他的眼中，他可能认为自己"首先是关注产品的"。但实际上，作为一个年轻的厨师，他知道如何推出一系列具备市场可信度的产品，如何推出那些一摆到机场商店中就可以自行销售的产品。在这之前，他关注的是如何构建一个由忠诚客户组成的社群，这是产品上市之前就应该做的。

不管 DNA 改变背后的原因是什么，如果这一改变是由具备强劲个性的领导发起的，而且当其个性强大到足以激励人们从深度眷恋（多数情形下也是极为舒适）的状态向另一个状态转变时，那么转型总是要容易一些的。这就是在有目的地进行 DNA 改变时，让一位个人崇拜式领袖来掌控全局会大有裨益的原因所在。如果这位个人崇拜式领袖同时也是公司创始人，还能够以更加紧迫的态度向员工灌输这一转型的话，进展当然会更加顺利。实际上，可以这么说，既是个人崇拜式领袖，又是公司创始人，几乎就相当于赋予了其生杀大权。那些先前追随领导的员工，即便是在转型根基越来越摇摇欲坠的情形下，通常也会继续追随这样的领导。

基因突变

截至目前，我们一直关注的是对那些选择改变基因密码的公司进行探讨。然而，有时，当公司周围的环境经历变化时，结果也会引发DNA的自行改变。在《星际迷航：下一代》中，有一段标题为《创世纪》的插曲，我想用它来做一类比。飞船上的一种病毒让船员和其他生物退化成了更为原始的生命形式：爬行动物、两栖动物、猴子、史前人类等。环境中的一些事物引发了DNA的改变。除了形体的改变，基因突变还引发了行为的改变。最开始时，所有变化都是逐步发生的：飞船上的顾问迪安娜·特洛伊在向两栖动物转型的过程中，发现自己总是感觉冷而不得不去洗热水澡；大副威尔·瑞克在向迟钝的山顶洞人转化的时候，逐步失去了集中注意力的能力。然而，当细胞继续变异时，那些曾经随意且不明显的变化将变得十分明显且势不可挡。

对那些经历着DNA转变的公司来说，也会发生同样的事情。影片中特洛伊的欲望虽然古怪，但看起来并无大害：她想把所有时间都花在泡热水澡上，即便是穿着厚厚的衣服也是如此。这一欲望是DNA正在改变的一种迹象。公司通常会对正在发生的DNA改变毫无意识，直到这些变化非常明显时才会猛然警觉。就像前面我们假设（当然是极不可能）的案例一样，如果迪士尼以牺牲客户体验为代价，将关注点转移到乘骑娱乐设施、餐饮服务和停车位这些方面，那么最初的改变并不会十分明显。然而，一旦这些改变十分明显时，就需要领导团队做出决定，是允许这种转变继续发生（实际上，可以通过战略层面的主动应对，对这一转变予以鼓励），还是像《星际迷航》那样，找到一种方法，将这种变化关闭，并设法逆转这些影响。

一些偶然发生的、在背后悄悄发生的公司DNA的改变是由发育成熟引起的。（公司DNA的转换，通常表明了某种形式的进化，而非像《星际迷航》剧本中的退化。）绝大多数的公司，即使能够看到一次基因改变，在25年的生命周期内，也仅仅能够看到一次，也许能够看到两次。比如，一次出现在公司从初创阶段向更稳固阶段过渡的时候，一次出现在公司作为已经创立的实体，经过多年运营进入成熟阶段之后。不管处在什么样的时间框架之内，当环境中的事物发生变化并自动引发行为的逐步改变时，公司将会以一种细微改变的方式衡量成功。公司将会聘用不同的人员，依据不同的标准培训这些新员工。在这种情形下，改变是渐进的，几乎是悄无声息、不为人所注意的，就像《星际迷航》中反映的那样，基因突变的特点至少在初始时会如此细微，以至于令人难以发现。当环境变化时，这种变化会引发运营上的进化。

IBM就是一个极为出色的例子。在成立100多年的时间里，公司经历了许多次转型，每一次都浴火重生，踏着自己先前的灰烬，达到一个新的高度。毫无疑问，在过去一个世纪的时光里，有些转变涉及DNA的转换。比如2002年，当彭明盛从郭士纳手中接管公司时，他开始再一次重构公司——这几乎是在郭士纳在任期内已经重构了公司并取得了优异成绩之后（关于这次重构，郭士纳写了一本极富创意的书，书名叫《谁说大象不能跳舞》）。然而，彭明盛的核心涉及从工程师型公司向母亲型公司的DNA改变，这一改变是基于整个工业从硬件向服务和软件转换这一运动背景而考虑的，是基于充分利用这一转换机会的欲望而引发的。结果，这次转变是睿智的，是基于公司已经超越了它曾经甚为珍视的安乐窝这一现状而做出战略突破来实现的。史蒂夫·洛尔在2010年《纽约时报》的一篇文章中写道："公司正在努力争取达到更高的境界，努力从硬件向服务转型，努力渗透业务软件领域，目标是实现稳定的收入、高额的利润、更紧密的客户联系——而这就是IBM模式。"洛尔指出，公司在目标达成上，实现了利润收益的最高历史纪录。

在这种环境下，彭明盛意识到，必须对产品组合做出改变，而且相应的公司 DNA 也需要做出改变。洛尔接着评论道："从 2002 年彭明盛成为首席执行官以来，IBM 已经在数十项收购案中花费了 250 多亿美元，几乎涉及所有服务及软件行业。公司主要的研究方向已经向服务行业倾斜，公司与全球 50 个国家的 400 多所大学合作开发服务科学课程。"显然，彭明盛认识到，这种转换将涉及公司的彻底转型，涉及员工的再培训，涉及新型人才的招聘、不盈利产品的出售（2005 年，他将公司标志性的 PC 部门出售给了联想）、并购及研发的重心转移，涉及包括营销在内的公司所有业务从头开始的高效重构。为了这一目的，2008 年，彭明盛启动了公司著名的智慧地球计划，这一计划向世界表明，公司从"粗重型"硬件的制造向"智慧型"软件和服务的投资的这一转型已经成熟。

领导的改变也会导致偶发的 DNA 类型转换。这一现象随着史蒂夫·乔布斯的离世似乎已然在苹果公司发生。苹果公司在多数情形下属于传教士型公司，它一直持续不断地寻求和构建明日之星产品——首先是 Apple Ⅱ 型机的推出，该产品为公司确立了在地图上的位置，随后是麦金塔电脑、iPod 多媒体播放器、iPhone 手机和 iPad 平板电脑的推出。然而，自从 2011 年乔布斯离世之后，苹果公司最近几年在产品上市和更新方面已经失去了其原来所有的富有开创性的创新之火，对于这一共识，鲜少有人会有不同意见。蒂姆·库克作为乔布斯精心挑选出来的继任者，一直是出色的苹果公司资产管理者。在他的管理下，苹果公司资产得到了培育和增长。但他无法取代公司创始人乔布斯的愿景式领导。自从 2011 年 10 月 5 日乔布斯离世以后，苹果公司再也没有推出一件改变世界的产品。

以苹果手表为例。这款产品于 2015 年 4 月发布，是库克接任首席执行官之后发布的首款重要产品。这意味着苹果公司面临巨大的压力，需要向世界展示公司的传教士型状态并未改变。詹姆斯·蒂特科姆在《每日电讯报》中指出，苹果手表"可以被视作公司的一项测试，旨在向世人表明，公司并没有失去机智多变的创始人所具备的点金术的能力——一种研制一款人们在看到之前并不知道他们会需要的产品的能力"。

我也很喜欢我所使用的苹果手表，但不争的事实是：手表有的功能我的手机也都具备。因此，苹果手表并没有成为一个游戏改变者，也未能成为一个品类构建产品。它远不能被称为明日之星产品，仅仅是另一款智能手表而已，只不过是最近一波此类产品中的一款而已。正如哥伦比亚广播公司《财富观察》栏目的戴夫·约翰逊所写的那样："为了赢得人们的关注，智能手表已经努力了多年，但并没有进入真正的主流之中。"他说，没有任何一家制造商，包括苹果公司在内，"能够针对穿戴设备讲述一个引人注目的故事……当然，有些人希望在手腕上戴个智能手机的通知提示设备，也确实存在这样一个市场。但对一般消费者来说，如果真有需要，他们似乎更愿意戴个廉价一些的健身手带"。

约翰逊指出，最近发布的所有智能手表，包括苹果手表，都具备"渐进式改进"的特点，而这一特点当然属于工程师型公司的标志性特征。传教士型公司致力于研制开创性的改变（开启一种巨大突破式的创新），而工程师型公司关注的都是如何对现有产品进行改进。如果仔细想一下，你会发现，苹果手表在很多方面与 Apple Ⅲ 型电脑相似，Apple Ⅲ 型电脑仅仅是 Apple Ⅱ 型的一个改良版本，只是不错而已。以前人们会使用 Apple Ⅲ，现在，人们也会使用苹果手表，但不会有人到处宣扬说："哇！这款苹果手表改变了我的生活！"

一款经过改良的智能手表本身不会将苹果公司从传教士型的宝座上拉下马。产品失败（大家还在争论苹果手表是否算是一种失败）并不会导致 DNA 的改变。实际上，在史蒂夫·乔布斯的领导下，苹果公司经历了很多次失败。Lisa 电脑是一次失败，NeXT 电脑是一次失败，Apple Ⅲ 也是一次失败（至少从它未能基于 Apple Ⅱ 的基础取得显著扩展这一角度来讲，就是如此）。任何一个经受时间考验的公司，都会在产品组合中经历一些成功和失败。

尽管如此，苹果公司自从失去创始人之后，在几年的时间里所发布的产品和更新都仅限于渐进式的改良，这一事实确实表明苹果公司面临传教士型定位的缺失。在这样一个高度专注于明日之星产品的行业之中，这种地位的丧失尤其明显。法尔哈德·曼约奥在他为《纽约时报》所写的技术专栏中说："苹果公司的视野，在对技术的思考方面越来越不合时宜了。"他对苹果公司持续不断地关注有形设备这一事实给予评论："公司关注的是那些昂贵的、设计精巧的、自成体系的铝及玻璃的小配件产品，这些产品你今天买回去，用过几年就换掉了。"他注意到，"一些（苹果公司的）竞争对手已经超越了硬件设施这一层面的竞争，超越苹果公司开始转向到对客户体验的关注之上了。这些新技术并非依赖硬件，却根植于其中并超越硬件而存活"。

自然进化

不管苹果公司最终会进入何种状态，值得注意的是，一些开始是传教士型的公司最终会变成工程师型的公司（正如苹果公司正在经历的那样），认识到这点极为重要。显然，如果苹果公司再不尽力尽快开拓明日之星产品，就很可能会面临这一转换。（像我们前面提及的亚马逊从传教士型向母亲型的转换、沃尔夫冈·帕克从母亲型向工程师型的转换以及谷歌从工程师型向传教士型的转换，通常并不太容易发生。）从传教士型向工程师型的转换是一种自然进化。这是因为，公司最初依靠的概念是引人注目的新产品，而这一新产品能够激发行业内的变革，引发人类行为的改变。显然，苹果公司就属于此类实例。转型中的传教士型公司，尤其是在高科技领域，往往已经具备了成为工程师型公司的核心 DNA（公司的大部分 DNA 是工程师型 DNA）。

无论什么情形，对苹果公司而言，DNA 的改变并不一定是坏事。苹果公司自失去创始人以来，已经过去几年了。尽管公司不再像顶峰时期那样享受着巨大的产品利润率（从 2003 年到 2006 年，苹果公司在销售领域连续 51 个季度从未间断地保持了破纪录的增长），但苹果公司依旧是一个强大的公司。尽管苹果公司销售收入的增长慢了下来，但它依旧拥有令多数公司梦寐以求的营业收入和市场份额。实际上，即便苹果公司全面转型成为一家工程师型公司，它也有理由会继续取得巨大的成功。

然而，如果苹果公司无法实现巨大突破的创新，很难想象它能够像以往那样，既作为一家个人崇拜式公司又作为一家明日之星式的传教士型公司正常运营，实现同等水平的财务增长，享受过去那样的威望。苹果公司之所以成为苹果公司（从文化和经济两个方面来说），是因为在广阔的南湾总部的综合大楼中，有着数不胜数的研发项目。比如，公司似乎投入了 1000 名员工致力于一项代号为 "Project Titan"、绝密的下一代 "iCar" 的研发。据说，该项目基于一项 100 亿美元的研发预算，其目标可能是像苹果手机曾经做到的那样，改变我们的生活。

没有什么可蔑视的。"我的 iPhone 手机已经成了我社交生活和职业生活的组成部分。"航空航天设计战略家阿卡什·丘达萨马在一篇发表于《汽车趋势》杂志的文章中，在对金·雷诺兹评论苹果汽车时这样说。该记者在加利福尼亚州帕萨迪纳市艺术中心设计学院举办的一次圆桌研讨中，与丘达萨马和其他一些交通运输领域的专家进行了会面。雷诺兹将此次研讨描述为参加一次"具有充足影响以至于最终会成为汽车设计领域国际关注中心"的课程。当提到自己的 iPhone 手机时，丘达萨马说："我并没有真正用（它）来打电话，我用它来做其他所有事情。因此，如果（苹果）能够让电话（一个已经存在了 100年的产品）成为你生活方式中不可或缺的一部分，那么他们会对汽车做出什么事情……这将会改变我们的整个生活方式。”他这样总结道："从传统上来说，我们与汽车的连接是通过方向盘来实现的，但现在，汽车可能会对我们感知的交通体验带来更多意想不到的影响。"

苹果公司是基于传教士型公司定位还是基于工程师型公司定位（甚或基于这两种类型定位）来发布汽车产品（或其他任何一种未来产品），在不远的未来依旧是可以看到的。但这种不确定性向我们提出了这样一个有趣的问题：从长远来看，它真正需要采取什么举措才能够保持其传教士型公司的状态呢？回顾一下众多传教士型公司的实例，从苹果公司到字母表公司，从特斯拉到维珍，答案清晰无误：持续不断地创新。不仅仅是那种能够带来更好的"捕鼠器"的创新，而且是那种有巨大突破的创新，是那种能够革新行业、改变人类行为的创新。

可行的，但是……

因此，公司 DNA 可以改变，但这并非易事；而且，通常来说，这并不是一个好主意，除非你既具有迈向成功的坚定不移的愿景，又具备充足的资金。在任何情形下，在快速发展之时，都要先好好观察一下。如果公司正处于下滑而非快速发展阶段，正像偶然引发的基因突变的例子那样，就要确保公司向着它所期望的方向前进而不偏移。若非如此，从《星际迷航》船员手册上撕下一张纸，然后重新规划一下自己的路径，回到通常所说的你想回到的地方。

当涉及 DNA 时，没有折中之法。如果公司的核心 DNA 是依据工程师思维模式运行的，但其内心深处拥有一颗母亲般的心，那么公司将无法在市场上取得成功。需要记住的是，在涉及竞争优势时，DNA 是一切的根源所在。始于高层管理人员的、涉及公司整体层面的运营协作至关重要。战略、运营、销售、营销——所有这些都必须反映公司的基因核心，而且在多数情形下，核心 DNA 是稳固不变的。

第8章

前 沿 革 新

我们在第 4 章中探讨了品类的创建，探讨了创建一个品类是否一定需要公司属于传教士型才可以。（简要回顾一下：不需要，因为任何一种 DNA 类型的公司都能创建品类或创建子品类。）也许，很多高管团队想知道的更大的问题是，在 DNA 活动中，不管是否可以创建一个新品类，当他们在努力将公司向传教士型推进的时候，如何才能成为一家明日之星式公司。有时，明日之星与品类或子品类的创建是紧密相关的，有时却并非如此。

本章探讨的是怎样才能创建或规划明日之星公司——让人类行为在一个更广的范围内向亨利·福特或马克·贝尼奥夫所做的那样转换。毫无疑问，这些领导因其超凡的魅力而享有盛名，他们展示出吸引和推动他人跟随其步伐的个人崇拜式领袖才能。在创建明日之星式公司时，有时需要伟大的个性才能将公司成功推向市场。

我们这些与史蒂夫·乔布斯一起工作过的人，亲身感受过他非凡魅力的魔力所在：我们不由自主，愿意为他辩护。尽管魅力型领导并不是人类行为转换的必要条件，但要实现这一目标，无疑需要一个漫长的历程。

无勇气，不荣耀

　　需要付出匪夷所思的勇气和动力，才能将公司的产品或服务变成明日之星。通常，公司的崛起是在每个人的反对声中实现的："不要浪费时间了。这不可能实现——根本就没有办法做到。"有时，他们是对的。毫无疑问，在创新的舞台上，失败远比成功多，从通风帽到电子笔，再到飞行车，皆是如此。当然，今天的失败常常是明天的成功。这也是我们可能用不了多长时间，就能够看到飞行车在空中飞行的原因所在（尽管很可能通风帽和电子笔的窗口已经关闭了）。正如托马斯·爱迪生所说："我并没有失败 10 000 次，我已经成功地发现了 10 000 种不会奏效的方法。"这正是明日之星式的传教士型公司通常由那些意志坚定、永不说不的个人崇拜式人物运营的原因所在。他们拥有坚定的意志，直面无情的质疑，有时甚至是彻底的敌意，所以他们能够勇往直前，继续前行。

　　我清晰地记得，当史蒂夫·乔布斯在 1997 年回归苹果后，很多人坚信，他没有重建公司的专有技术。然而，他通过构建他所称为"应用"的技术改善了我们的生活，彻底革新了世界。当然，有些应用并不仅仅是提高了我们的生活。这些应用技术很多以真正的明日之星式传教士型的方式，引发了彻底的改变。也许，很少有产品像 iPhone 那样出色。《纽约时报》中的一篇文章提到了小配件的死亡（文章标题是"小配件的启示录已经向我们走来"）。作者法尔哈德·曼约奥注意到，在经历了接近 40 年的丰裕之后（"小配件一件接着一件，从半导体收音机到 TRS-80 电脑，到随身听、游戏机，再到 iPod 播放器、Flips、GoPro 摄像机和 Fitbit 智能手环"），小配件的黄金时代看起来即将结束。他写道：

对小配件来说，事情并不轻松。小配件的生命总是不尽如人意、残忍而短暂的。小配件出现的第一年似乎是必须拥有的一年，结果第二年就成了明日黄花。但这就是生命的轮回，这样也好，因为总会有另一个小配件出现。

现在，事情变得更糟了。猛然间，不知从哪里冒出来的、无所不能的那件小配件出现在了加利福尼亚的库比蒂诺⊖。这几乎是很多年前的事儿了。你知道我谈的是什么——iPhone 手机。我们还知道，它会强大起来，但我们并不知道它会如此强大。当它已经强大到要吞掉其他所有的小配件时，没有人认为这件事儿真的会发生。我们依旧有希望，有些小配件会在周围逗留。

然而，最后，曼约奥没有分享这一希望。尽管这一市场已经成为一个小配件不断涌入的"富有新创意的整个技术生态系统"的大型试验场，但由于硬件建设的高昂成本、廉价仿制品的快速注入以及必须拥有的小配件的短暂货架期等一系列原因，小配件的未来看起来相当糟糕。他总结说："现在，研制多款小配件，对初创公司来说，不再是技术行业中的常规组合了。金钱正在进入如何找到方法借助新技术将已有的东西卖出去这一领域——什么是通过应用软件来快递床垫的最佳方法？"看起来，今天的小配件就是智能手机应用软件。

在与乔布斯整个性格形成期的数个岁月的紧密合作中，我能够见证传教士般个人崇拜式领袖所散发的吸引力，见证他们仅仅通过意志的力量便可以激发忠诚、驱动变革的能力。下面是我为《旧金山纪事报》写的一篇文章，记录了我对乔布斯的描述："如果你有幸成为他团队中的一员，那么，原因就是他需要你的帮助。他让你感觉到你是某个比你自己更为重要的伟大事业的一部分——这项事业甚至比公司还伟大。由于

⊖ 苹果公司所在地。——译者注

坚信乔布斯具备成就不可能的能力，我们对他所问的任何问题都不会质疑。我们年轻、精力旺盛，同时经验也极其匮乏。他相信我们可以成就奇迹，我们直接就实现了。尽管我们的局限就在眼前，清晰可见，然而不管这些要求是让我们在深夜将马蹄百合插在花瓶里，还是让我们写出软件修正版本以让麦金塔电脑联机讲话，我们都可以实现。"一路上，我们常常要忍受粗暴的行为甚至言辞辱骂，这一事实几乎无关痛痒。与乔布斯共事就是像他一样，专注于结果，全身心投入。

鲜明的特征通常是榨取员工最佳产出、将产品或服务成功推向市场的所需之物。有乔布斯这样的领导，通常是件好事。因为传教士般的个人崇拜式领袖比其他任何人更能将不可能变成可能。

甚至只是将一个创意（或是一个理想）移动到可能性这一范畴之中，而不管结果如何。看一下埃隆·马斯克的例子。他通过个人崇拜式的领导才能，驱动他所有梦想中最大的一个——殖民火星。一篇题为"马斯克的火星时刻：大言不惭、疯狂无知、才华横溢——或许三者皆是"（一个可能适合所有传教士般的个人崇拜式领袖的称号）的文章，分析了未来十年太空探索技术公司（SpaceX）殖民火星计划的可行性，美国知名科技博客媒体 Ars Technica 将技术显要人物的个人崇拜式领袖表征为一颗坚果。文章将马斯克描述为一个"梦想家"，一个"真正的差异创造者"，指出他的"殖民火星的传道般的热情……代表了一场声势浩大的赌局"，既是个人的也是公司的一场赌局。"通过将他的整个愿景展现给世人观看，马斯克让质疑者愈加质疑……同时（他）可能这样才一切都好。SpaceX 呈现的总是一个远景镜头。"实际上，马斯克"只是给了 SpaceX10% 的做'任何事情'的机会。时至今日，他们已经颠覆了全球的飞船发射行业"。（这一切都是在地面试验事故发生不久之后的情形。这一事故导致了一枚重要的猎鹰 9 号运载火箭的损失——这也是 15 个月内 SpaceX 损失的第二枚猎鹰 9 号运载火箭。尽管这次事故可能会在某种程度上减缓项目的进展，业内专家在不久后却报道称此次挫折既不可能对 SpaceX 也不可能对刚刚起步的商业航天事业带来远期影响。）

文章总结说："马斯克在这样一个小心谨慎的航天时代，在这样一个停滞不前的飞船发射行业，最大的贡献可能是：他从不害怕失败。在他所说的可能最具启迪的评论中……（马斯克）说，'我只是感到，如果宇宙这一舞台上缺少了带有强烈思想动机的新的进入者，那么，似乎我们并没有处在成为一个航天国家、在群星之间出行的正确轨道上'。"

看到可能

尽管确实会有所帮助，但拥有一个传教士般的个人崇拜式领袖绝不是创立明日之星的必备条件。与其他事物一样，明日之星的出现，归根结底，需要看到异常行为之中内在的可能性。

里德·哈斯廷斯在奈飞就是这样做的。尽管这家公司已经改变了我们观看电视的方式，但在最初之时，没有任何证据表明，哈斯廷斯会成为那个引发改变的人。当他将公司一分为二（奈飞提供流媒体内容，Qwikster 提供 DVD 邮寄业务）并且决定对 DVD 业务收取比流媒体业务更多的费用时，人们认为他简直是疯了。客户也认为他疯了，他们反抗他，在很多情形下是取消订阅。然而，从另一方面来说，在 Qwikster 退出经营大门之前，哈斯廷斯就杀死了它。正如我在《旧金山纪事报》中的一篇文章中所说："巧妙地将美国邮政服务的客户转移到互联网领域，可能会是一个值得纪念的柯达时刻，但他毫无畏惧地将赌注下在了未来，在很短的时间内解决了他所面临的创新者的困惑。"

另一个悄悄改变现状、创立明日之星的是奥克兰运动家球队的总经理比利·比恩，他将魔球系统引入美国职业棒球大联盟之中。在挑选 2002 年的球队队员时，与那些诸如纽约扬基队、波士顿红袜队这些大名鼎鼎（同时也是钱包鼓鼓）的球队相比，他面对的是看起来难以逾越的财务劣势这一障碍。他将经理、教练和球探的主观信念和智慧（这注定存在潜在缺陷）抛在一边，却对棒球统计分析这样一套基于证据的测量球场活动的分析系统情有独钟。简而言之，魔球系统要求通过统计分析的方法，让那些小市场的球队可以通过购买那些被其他球队低估的优秀队员并出售那些被高估的球队队员来与大型球队进行竞争。不是所有人都会像比恩那样痴情地拥抱魔球系统，但他借助变通的招聘方法，在2002年将奥克兰运动家球队带到了球场之中，同时也永远改变了棒球管理部门看待业务的视角和方法。

棒球统计分析的热衷者指出，具有统计分析头脑的总经理西奥·爱泼斯坦可以作为这一方法永久改变管理部门决策的证据。他曾在2004年世界杯中带领波士顿红袜队取得成功，2016年带领芝加哥小熊队再次获得冠军。尽管众所周知的是，爱泼斯坦在组建团队时，高度重视队员发展和人事管理——当然，部分原因是随着棒球统计分析进入棒球主流，其最初的影响也因此而降低。但他所带领的两个坚忍多年的球队能够战胜困难，分别迎来了85年和108年后的冠军。这一事实证明，统计分析发挥了一定的作用，对于这点，大家还是鲜有质疑的。

无论领导风格怎样，创立明日之星、改变世界（或者说至少改变世界的一部分行为），都需要一位拥有独特观点的领导。同时，还需要具备激发他人的能力，需要构建一个支持团队，需要彻底的、毫不动摇的大无畏精神。懦夫无法改变世界。

箭在背上

然而，随着品牌创建和成为明日之星历程取得进展，会遇到这样的趣事：通常并不是好创意就能率先出线。实际上，好的创意总是存在巨大缺陷，在高科技领域尤其如此。为什么？这是因为，无论在什么行业中，先驱者都是那些箭在背上、直面抵抗的人，而那些呼啸而过的后来者，则会大步狂奔，直接冲向更加完善的 2.0 版本。Pandora 软件超越了 Spotify 及其他流媒体应用软件；数不胜数的搜索引擎（始于前网络时代的 Archie）为谷歌铺平了前进的道路；在 Facebook 之前，是聚友网（Myspace）引领了前行。所有这些率先出线的公司都引入了伟大的创意，但没有一家能够走到足以改变（更不用说是革新了）行为的境界，甚至从长远来讲，没有一家先行公司能够达到这一境界。比如，聚友网和 Facebook，都是基于同样的理念创立的，但对聚友网来说，其明日之星的方程式之中缺失了太多内容，而在这缺失的部分之中，就有马克·扎克伯格所拥有的充满热情的领导才能，而正是这一领导才能，将 Facebook 推到了行业前沿。

史蒂夫·布兰克在《快公司》杂志的一篇文章中对这一现象进行了探讨，他写道："那些信奉'我们必须成为第一个进入市场的公司'的初创公司，通常都失败了。"为什么会这样？布兰克认为："在没有真正全面地理解客户问题，没有真正全面地理解解决这些问题的产品特点之前，先行者就倾向于发布产品。他们基于自己的商业模式进行猜测，然后就进行不太成熟、声势浩大、咄咄逼人的公关宣传和早期的产品上市发布，结果很快就烧掉了现金。如果市场上存在泡沫风险，或是公司要将所有赌注下到公司出售之上，那么这不失为一项伟大的战略。否则，这件事就需要斟酌考虑。先行公司并没有优势可言。"

他举了 Overture（原来的 GoTo.com 网站）这个例子。作为付费搜索的先行者，Overture 于 1998 年研制并在 TED 大会上展示了点击付费的搜索引擎和广告系统。两年后，谷歌发布了关键词广告系统（一种点击付费的广告系统版本），这一系统允许广告主开发文本广告并将其放置在公司搜索引擎上。结果怎样？Overture 于 2003 年被其最大的客户——雅虎以 16 亿美元的价格收购了。关键词广告演化成为谷歌主要的收入来源，现在价值高达 5000 亿美元，预计到 2020 年这一数字将攀升到 10 000 亿美元。

直觉外科手术公司是一家通过与竞争对手的法律冲突而对行业进行革新的公司。它的基于机器人辅助的达·芬奇外科手术系统，于 1999 年上市。通过对传统的腹腔镜手术进行改进，这一系统允许医生使用机器人通过小的切口以更精准、更灵巧、更舒适的方法进行手术。外科手术机器人从 20 世纪 80 年代后期就已经出现了（该行业基于外科医生为战场上受伤的士兵进行远程手术的这一需求发展而来），但时至今日，直觉外科手术公司成功地在外科手术机器人这一领域声名鹊起。尽管 2002 年公司被早先出局的竞争对手计算机运动公司起诉，理由是侵犯了计算机运动公司的宙斯机器人外科手术系统的专利，但两家公司最终合并。为了让直觉外科手术公司达·芬奇系统获得更好的发展，宙斯系统被逐步淘汰出局。

这种先行者先死的事例在我所知道的每个行业中均已发生。一家传教士型公司开发出新颖而酷炫的产品（灯泡、电动汽车、手持电话、网络商店、机器人手术、流媒体服务），其他公司很快就会从差错和机会两个方面对其进行剖析。很快，依赖创新的改进、财务的优势、高超的营销或法律上的操作，布兰克所说的快速跟随者就会在这一历程中，通过对最初提供的产品或服务的吸纳、扼杀，进而最终颠覆第一推动者。第二创新者（甚至第三或第四创新者）随后会发布"新"的产品或服务，将其变成一个更大范围的成功故事，并在这一进程中对人类的行为进行革新。

"啊哈" 在行动：
定位的实践

接下来的内容是来自真实世界中面临真实定位挑战的六家公司的相关案例。所有案例都来自我们的客户，因此我们了解他们的努力和磨难。我们将探究两个母亲型公司如何定位，其中一个基于客户体验，另一个基于客户细分；两个工程师型公司如何定位取得市场成功，其中一个基于产品价值，另一个基于产品特色；两个传教士型公司如何定位，其中一个基于明日之星，另一个基于个人崇拜。

第9章

Tile：让人平和心境

DNA 类型：母亲型

基因类型：客户体验式

挑战：如何在一个日益拥挤的市场中实现公司的差异化，如何更好地与客户联系，如何确立领导地位。

在写作本书时，我去了一趟 Tile——这是我所钟爱的客户之一，公司致力于蓝牙追踪器的研发，与其同名的应用软件能够帮助人们找到丢失的物品。在此次拜访中，我碰巧看到了一则粘贴在女性盥洗间隔板门后的客户见证：

女儿到外地上大学后，我和太太便从女儿那里得到了一只三条腿的小箱龟。小箱龟蒂皮绝大多数时间住在一个蓝色的塑料盆中，我太太有时会把它放出来，让它在一楼放放风。这样一来，小箱龟就可以获得一些极为需要的小激励和小运动。但对我们来说，找回小箱龟实在是不容易。小箱龟确实善于躲猫猫。于是，当一天结束，准备上楼休息时，我们几乎一整晚都趴在地上，在椅子、沙发及小箱龟可能躲藏的每一个地方找来找去。房子很大，小箱龟可能躲藏的地方可以说是数不胜数。于是，我买了一个 Tile 产品，在放出小箱龟散步时，用黏合剂将它临时粘到小箱龟的甲壳上。现在，定位小箱龟就成了一件简单而毫不费力的事啦！

翻一下 Tile 的网站，你会发现很多这样的客户见证：一只养了六年的企鹅在时代广场被找回了；在旧金山，摩托车失而复得，而这里离它失踪的地方相距 30 英里[⊖]；一台笔记本电脑被遗忘在汽车车顶后，被追踪发现在明尼苏达州的公路一旁，电脑早已严重受损，但硬驱完好无损，足以将数据及照片复原；在被海水浸泡了半小时后，一串钥匙在长岛琼斯海滩浅水处被找到；比利时失窃的送货车在荷兰出现了；由于触动了"发现"这一按钮，引发信号报警，结果在巴塞罗那被地铁小偷窃取的钱包物归原主。

难怪 Tile 宣称自己是"世界上最大的失物招领处"。

Tile 具有防水性能的标牌可使用带有蓝牙的低能耗能源来定位任何一种物品（钱包、电话、钥匙链、手包、笔记本电脑、运动包、旅行箱、自行车），只要将标牌与这些物品连在一起就行了。贴了标牌的物品一旦丢失，使用者打开 Tile 应用程序，如果物品在 100 英尺左右，它就会发出声音，给出警示信号。如果物品离得太远（甚至相隔数千英里），当其他用户携带移动设备（假定该移动设备处于开机状态）经过遗失物品时，它就会提供物品的实时位置坐标。Tile 应用程序在用户手机背景下运行，将信号以匿名的方式传输到 Tile 云端，然后再传递给失主。每个标牌代表一个独特的识别码。当然，出于安全原因的考虑，Tile 不会存贮或传递任何个人信息。

公司首席执行官、共同创始人迈克·法雷称，他太太在物品摆放

⊖ 1 英里 =1609.344 米。

方面极不擅长。在看到太太因为弄丢一件家传之物而痛苦不堪之后，他萌发出了这样一个找回小物件的创意。当时，正是这件事让他怦然心动：每个人都会丢东西，每个人都会。谁没经历过着急出门时为了找汽车钥匙、手机而慌乱不堪地要把沙发扯破的经历？谁没有过猛然意识到手包、笔记本电脑或自行车不在该在的地方而心情低落的经历？"显然，对我们而言，这是一个大众市场的问题。"法雷如是说。

这确实是一个大众市场的问题。市场是如此大众，以至于公司在2013 年发起的众筹活动中筹得了 260 万美元（这是首轮筹资的一项纪录，至少在当时是这样）以支持 Tile 的第一代产品生产。这大大超出了公司最初想要寻求的 2 万美元的筹资预期，相对于 Tile 从其所依托的孵化公司——硅谷加速器公司串联资本（Tandem Capital）所收到的20 万美元而言，这也算得上是一个显著提升。

2013 年，当我们与 Tile 第一次接触时，Tile 正在加班加点地生产产品，以满足众筹活动激发的巨大需求。当时，Tile 尽管被这一积极回应搞得激动不已，但竞争对手的不断涌入让其深受打压——有些公司甚至比 Tile 进入的时间还长，尽管所有公司生产的产品均被 Tile视为劣质产品。Tile 希望更好地实现自身的差异化，广泛宣传其所拥有的对用户友好的产品特点。"刚开始时，我们的目标是创造一件任何人（从 4 岁小孩到 94 岁老翁）都能使用的产品，"法雷说，"你不必是一名技术人员就可以使用我们的产品。"

最重要的是，公司迫切地想把 App 助力生活、提供更好的生活方式这一功能沟通到位。"在 18 个月的时间中，我们销售了 450 万件Tile 产品。"法雷说，"人们拿到我们的产品做什么？他们正在将 Tile的标牌贴到自己喜欢的东西上。"

人们丢东西的频率有多高？显然，几乎是所有时间。据公司所言，Tile 软件每三秒钟就会响一次，这就意味着每分钟人们就会使用20 次这一应用程序来寻找错放的物品。这还没有将那些用 Tile 软件拨打电话寻找以及那些认为已经丢失而通过 Tile 社群进行远程公告寻找的物品计算在内。据独立调查公司 Censuswide 为 Tile 进行的一项针对英国 2000 名 16 岁及以上年龄人员的调查，64% 的人每天花费 15 分钟来寻找物品——在 60 年的生命历程中，这些时间加起来超过 150 天。考虑到抓狂般寻找丢失物品时通常相伴而来的时间浪费、出行拖延以及脾气发作等的累积效应，公司希望通过平均仅仅花费 14 秒的时间便可以找到粘贴了 Tile 标牌的物品这一事实，来展示由此带来的解脱和放松。

"啊哈"要义

Tile 的定价及 DNA 分析揭示出其机会并非源自于一家理性驱动的硬件产品公司。相反，该公司是一家为客户提供平和心境、以情感为驱动的软件服务公司。（对我们而言，很显然，从一开始 Tile 就是一家客户体验式的母亲型公司。）然而，首先，公司需要克服一项公关障碍——以一种与母亲型公司匹配的方式进行。早期，Tile 还在致力于打造产品的时候，就已经聚集了一大群相信其产品概念、愿意为产品付费同时也因为还没有收到产品而越来越失去耐心的社群成员。（相对于新产品的研发而言，Tile 的生产和配送更为不易。）调侃、挖苦公司的聊天群不断涌现，满是怒火的电子邮件如潮水般涌向位于加利福尼亚州圣马特奥的公司总部。

在这种情形下，在公司管理团队的支持和鼓励下，基于对公司客户体验式基因的全新理解，公司愈加重视将那些数量不断增长的、已经有效组织起来的客户作为社群对待，而不像以往那样将那些组织及管理社群的技术摆在对于彼此更为重要的位置上。同时，Tile 开始通过常规沟通和实时的组群深度互动，将社群整合到公司的日常运营之中。这种与外界合作的努力不仅取得了成功，安抚了愤怒的客户，而且为公司后来的社群建设奠定了基础，而公司后来的社群建设已然成为产品成功的关键所在。

不久，随着公司生产及物流细节问题的修正，Tile 推出的 Tile 产品姗姗来迟，并开始全力关注让客户平和心境的母亲型这一职能。"整个公司真正涉及的都是客户体验。"法雷说。他时不时地会把喜欢的客户在网上贴出的物品丢失及找回的经历故事标记出来。这其中既有患有老年痴呆症的病人通过 Tile 产品的应用追踪拐杖，以挽回其先前久违的自立感的故事；也有丈夫通过这一产品在乘坐游轮旅行时，在人员拥挤的剧场中定位太太的故事；也有像本章开头介绍的小箱龟爱宠的故事——小箱龟依旧会时不时地在睡床、沙发或是梳妆台下走丢，但现在可以在几分钟内找到，而不是像以前那样花费几个小时。"我们在人们需要的时刻，甚或身陷恐惧的时刻，为人们带来平和的心境享受。"法雷说，"我们一次又一次地从客户那里收到回复，说 Tile 改变了他们的生活。"

尽管 Tile 的管理团队最终开始拥抱母亲型公司这一理念，但在最开始时，团队还是心存疑虑的。"我是看着阿诺德·施瓦辛格的电影，如《独闯龙潭》《铁血战士》等影片长大的。"法雷说，"我喜欢看《洛奇》系列片。我是看着这些影片长大的。"法雷快速成长，成了技术公司的领导者，并通过 DNA 定位工作坊，发现了 Tile 属于母亲型公司这一事实——当公司团队在一次基于荣格原型的品牌匹配活动中，对照顾者原型达成一致时，这一发现得到了公司团队的确认。法雷停顿了一下，回忆起当时他对这一标签的怀疑："首先，这一标签与我们相似，对吧？这确实是正确的吗？"

接受母亲型这一定义还是颇费了一段时间。"对我而言，并不是一下子就找到了灵感。"法雷说，"这就是一个逐步认知的过程，最终我确信这就是正确的选择。我逐步意识到，照顾者的原型就是我们的本质所在。随着时间的流逝，我确信这一点越来越符合事实，我确信对我们而言，这确实是正确的。我们为人们提供能平和心境的服务。我们在人们需要的时刻（往往是在人们陷入恐惧的时刻）帮助他们。Tile 远非一件产品那么简单。Tile 所做的是为客户带来不一样的境界，帮助他们激发一种新的生活方式——成为'一个更好的自己'。"

他特别提到，在 Tile 配送产品之前，在开始收到客户回馈、知道公司产品提升生活品质之前，他和管理团队的其他成员最初对母亲型倾向的感受是迟疑甚至是不适。"我们确实从很多人那里听到了这样的反馈，"他说，"人们总是在告诉我们这样一个事实：'你们这帮人改变了我的生活。'"

尽管法雷和公司其他领导可能并未对母亲型定位经历过一个立竿见影的"啊哈"时刻，但对我和我的同事而言，显然，我们在早期的 DNA 发现过程中经历过这样的时刻。Tile 注重在人们需要的时刻帮助他们；强调让产品具有更强的用户友好特色，以便任何人都可以操作使用；公司坚定不移地努力让产品变得如此新颖别致，正如法雷所说："女士可能会将我们的产品配置到手包上，即便她不需要用我们的产品做任何事情，她也会如此。"所有这些都指向这样一个事实：母亲型是公司最为突出的 DNA 类型，而母亲型中的客户体验式则是其显而易见的基因核心，甚至公司早先编辑的众筹影像也对积极的用户体验给予了充分关注。

"我想，当你一看到 Tile 产品时，你最直接的反应就是：'啊！这是件简便的产品。'"法雷说，"这主要得益于我们如此定位的结果。我们希望在人们的心目中，Tile 是简约的。但对产品而言，确实有真正复杂的东西。硬件所表现出来的仅仅是冰山一角。现在，网上有数百万个 Tile 产品在运行，有数量众多的可适用于安卓系统和苹果系统的应用软件。分析系统更是庞杂（我们为客户体验的所有构成部分构建了一个巨大的用于分析的基础设施），这意味着我们每天都会通过大量的数据分析，以便提供出色的客户体验。"

在将 Tile 界定为客户体验式的母亲型公司之前，我们与公司管理团队一起工作，以便为接下来的定位工作确定标准：一系列定位说明应该包括定位工作结尾时我们可以用以检测以便确保前后一致的限制参数（详见第 4 章）。团队得到了以下几种结果：

- 基于情感的。
- 找回物品的解决方案。
- 与（生活）方式相关的。
- 优雅的。
- 简便的。
- 易于接受的。
- 社群导向的。
- 可以提供帮助的。
- 可依靠的 / 持久可行的。

所有这些结果都引导我们得出了如下定位说明：**Tile 是第一个用于个人物品寻找的可穿戴产品，是世界上最大的基于互助寻找个人物品而联合组成的社群之家。**"用于个人物品寻找的可穿戴产品"是此项定位说明中的两个关键短语之一。世界上还没有一家公司曾经这样宣称过。这是心智地图上的一个空白点，尤其对一家母亲型公司而言，更是如此。第二个关键短语是"世界上最大的基于互助寻找个人物品而联合组成的社群之家"。以这种互助方式结成的"世界上最大的社群之家"，更进一步对公司进行了差异化区分。该定位说明，借助于这两个短语表明了公司的作用和价值。

留意一下这则定位说明中使用的语言——留意一下为了强调人性、强调温馨而朦胧的母爱而使用的诸如"家""社群""联合""互助"等词语的使用。Tile 为找寻个人物品而付出的努力在这里被描述为一种经历，一种精心照料的经历，而不是被定义为那种与人性相对立的不带个人色彩的功能方面的表述。比如，对工程师而言，大概永远也不会照这样的句子来进行定位。相反，工程师类型的公司也许会这样表述："我们提供一种找寻遗失物品的追踪仪器，该仪器能够显示物品丢失的时间，能够显示从你现在所处位置找回丢失物品所需要花费的时间。"

我们为 Tile 创作的这则电梯间故事是基于这样的创意拓展开来的：Tile 作为一家情感驱动型的软件服务公司，致力于为客户提供平和心境的产品。这同时几乎包括了以下列出的所有标准：**Tile 是第一个用于个人物品寻找的可穿戴产品，是世界上最大的基于互助寻找个人物品而联合组成的社群之家。Tile 简约时尚，可以放置在钥匙、钱包、手包、电脑及行李等重要物品之上，以确保总是可以找到它们。发现带有 Tile 标牌的物品既有趣又简单——可以通过查看物品最近出现的位置，或是通过让 Tile 软件发出声响找回。Tile 社群成员以相互帮助而享有盛名，他们不需要积极主动便可轻松创建区域性搜寻小组，进而共同合作发现那些因为某种原因而丢失的物品。**（9 条标准实在太多，我通常建议遵循 5～7 条标准即可。）

Tile 公司与我们签约的主要原因是为了寻求公司定位方面的帮助，以实现其未来的目标——这点在我看来，可以称之为隐藏在水位线以下的冰山主体部分。实际上，重要的是要清楚地认识到，这里列出的 Tile 故事对当时的公司是确切而富有个性的。随着公司的发展，公司定位也在不断演化。法雷指出："多年来，我们对 Tile 的愿景不断细化完善。现在我们意识到在位置定位领域中的巨大商机，而这也正是我们推动所有物品实现智能定位的原因所在。当我展望未来 3～5 年的发展时，我看到在未来的世界之中，所有物品均会有一个位置嵌入其中。技术上来看，这是完全可行的。10 年前，多数人甚至都不知道 GPS 是什么。现在，我们都有了智能手机，智能手机嵌入了定位系统，我们靠它生活。我们的产品和手机具有'发现手机'的功能，我们也钟爱这一功能，对吧？事实上，'发现手机'这一功能也是我们从挤了一大群孩子的房子中找到带有我们 Tile 标牌的特定物品的唯一方法。然而，我们意识到，位置定位开始嵌入其他产品。比如，对拥有特斯拉汽车的人来说，无论是谁，都能打开特斯拉 App，准确知晓汽车在哪里。"

法雷预测，未来公司软件可以整合到客户常用的电子设备中，而不需要再安装 Tile 软件——像电子阅读器、智能手表、穿戴式健身追踪器以及耳机之类的电子设备，均可嵌入 Tile 软件，而这只适用于先行者。"现在，也许只有 0.1% 的产品嵌入了定位系统。我想在这个星球上，人们希望嵌入定位系统的物品约以万亿计。这一数字确实动人心弦。我们的目标是让 Tile 成为所有这些需要位置服务的物品的解决方案。"法雷如是说。

法雷又一次指出了 Tile 产品幕后软件中的内在之美。"我想，常见的错误认识是这样的一种想法：'噢，Tile，这东西如此简单——位置定位就是如此必要。'"他说，"这是对的，就是如此。位置定位很有必要。这是一项涉及数万亿种不同物品位置定位的必要基础设施。对你钟爱的物品而言，嵌入定位系统后，从中获得的最重要的收益便是你可以找到它。而这就是我们正在向客户提供的首要价值所在。"

位置定位领域具有广大前程，持有这一信念的并非只有 Tile 一家公司。柏尚风险投资公司曾领投了 Tile 2016 年的第二轮投资，帮助 Tile 最终筹集了 1800 万美元（几乎比 Tile 在 2012 年的 A 轮投资翻了一番）。该公司合伙人拜伦·迪特就曾对 VentureBeat 媒体说："智能定位……有潜力成为连接设备领域最具价值的应用。"在同一篇文章中，法雷预计到 2020 年，世界上的连接设备将从 2015 年的 100 亿个上升到 340 亿个。"我们计划为所有这些连接设备以及世界上数十亿的类似物品赋予智能定位的魔力。"

结果

为了帮助 Tile 实现 2014 年新产品的成功上市，坎宁安咨询公司主导了 Tile 的市场进入战略的制定及实施。同时，我们还主导了 Tile 资金筹集资料的创作，为管理层提供了教练服务。所有这些都有助于确保 Tile A 轮融资 950 万美元目标的实现。

到 2017 年，Tile 已经售出了 1000 万件 Tile 产品，这些产品每天在 200 多个国家被用来定位 200 万件物品。Tile 已经开始拓展到嵌入式定位领域：公司与路虎合作，将追踪器整合到发现神行汽车的信息娱乐系统中。这项技术可以让客户通过使用汽车上的触控屏来建立一个"必备品"清单，当应用软件开启时，会对清单中的物品进行自动检测。同时，乘客可以通过 Tile 软件发出的 90 分贝的提示音，帮助定位汽车上带有 Tile 标牌的任何物品。

在涉及位置定位的未来发展时，Tile 有数不胜数的前行之路。然而，无论公司走向何方，肯定会保持不变的是：母亲型 DNA 已经最大限度地写入公司所做的一切事情之中。法雷说："了解我们的 DNA，已然帮助我们塑造并形成了自己的文化。"这一 DNA 在公司随处可见，这其中就涉及在新人招聘时，我们需要借助"全面检查"来确定"在我们看来，应聘人员能否在这一环境下充分发展，能否适应公司照顾者的文化"。这一 DNA 也显现在公司网站及写给 Tile 社群的公司通信中——借助故事、理念甚至是娱乐感的分享，有助于促进社群氛围的形成。法雷指出，粉丝发回了许多与 Tile 相关的创意视频，有一个视频还对用户穿着 Tile 服装的形象进行了刻画。这一 DNA 同时显现在应用软件的下列特色之中：软件为网络用户提供了一个匿名致谢的选项——而这是基于安全的考虑；用户可以在手机背景下悄无声息地开启 Tile 软件，而这会让他们在日常工作中仅仅通过随意走动，便可以为别人提供找回失物的帮助。

　　久而久之，Tile 逐步意识到，公司照顾者的氛围（其"母爱"的内涵）已然扩展到包含 Tile 社群的地步了。"在 Tile，有趣的是仅仅通过开启应用软件，你就已经参与到 Tile 社群之中了，你就已然成了一名照顾者。"法雷说，"你就可以帮助他人。你只能寻找你自己的Tile 标牌——你不能寻找他人的物品。但当有人报告了一件遗失的物品，而你又恰好经过他们的 Tile 标牌时，你会实时更新这一遗失物品的位置。遗失物品的人会从我们的服务器中收到一条更新信息，信息会显示类似这样的内容：'您好，Tile 社群中有人刚刚更新了您的 Tile标牌位置。'这样一来，他们会有一个感谢你的机会。"

　　就像妈妈那样照料有加。

　　法雷指出，Tile 用户向他人表达的感谢信息，折射的是公司早期提议的一项实践。那时，每个周五，公司的每个人都会对别人本周所做的一些事表达感谢，从代买比萨到加班调试一个蓝牙软件问题都行，什么事都可以。只有七八个员工时，确实很容易做到。时至今日，当办公室人员增长了十倍之后，致谢就不那么简单了。然而，法雷说，这一传统的修正版本一直在继续，员工会一直不断地每周写便签（有时以匿名的方式），针对那些给予的帮助和取得的成就表达感谢。

　　确实，到公司办公场所参观一下，就会清楚地认识到母亲型 DNA已经如何深刻地渗透到公司骨髓之中了。这甚至会突然出现在女性盥洗间中。除了贴在盥洗间门板后面、每周更新的客户体验实证之外，我在拜访公司的第一天，就在擦手毛巾、彩色小地毯、护手霜、小蜡烛及装有女性卫生用品的小篮子里见到了公司独具特色的母亲型 DNA的表现。

　　你如何看待这样一种母亲般的触碰？

第10章

BuildingConnected：穿越噪声

DNA 类型：母亲型

基因类型：客户细分式

挑战：如何将公司描述为一个全国性参与者，如何揭示其市场中的差异化。

要想找到一个能够提供精心照料的母亲型公司，在建筑行业或许最不具有发现此种类型的可能。然而，在涉及精细思考的 DNA 类型时（无论是对公司而言还是对其他事物而言），还是应该理性地留心一下这样一句古老的格言：永远不要以貌取人。（其实，这一建议或许你最初是从母亲那里听到的。）

作为一家建筑行业招投标管理软件领域（一个专业而高度细分的行业）的新进入者，BuildingConnected 要挑战的是那些十余年来总包商与分包商之间的常规沟通模式。这家位于旧金山的公司成立于2015 年秋天，试图借助免费且易于操作的系统实现公司在市场中的差异化经营。这套免费系统能够让总包商对分包商进行评估，进行前期的资质审查，并能够发送招标邀请，与项目各方进行直接沟通——与分包商及供应商等相关各方进行信息传递、资料分享及建议收集。BuildingConnected 的这一软件系统也能让业主保存和分享资料，追踪招标流程，查看项目历史及项目分析。

其中的核心要素在于，所有的招投标、沟通及追踪机制的运作，并不需要任何人进行合同数据的管理，而其他所有商业建筑软件并不具备这一特点。公司首席执行官达斯汀·德文说："就像领英一样，但是我们的这一系统专用于建筑行业。"在成立 BuildingConnected 之前，达斯汀·德文在商业建筑领域与柏克德（Bechtel）、Rudolph & Sletten 及 XL 建筑公司等一起，花费了六年的时间，想到了这一创意。"基本的事实是，商业建筑领域的每个人都会对他所认识的人建立一个静态的合同数据库。这就像我们用的 Outlook 一样。在商业建筑领域，人们需要维护一个涉及数千人的合同信息系统。但这一行业的人员流动性大，因此随着时间的流逝，这一信息系统需要及时更新和升级。通过构建一个网络，它会成为像领英一样的应用。当你换了公司时，你就可以更新你的领英资料了。这种更新随后就会填充到你的整个网络系统中。你只需要像在 Facebook 上发条信息那样，便可以与人沟通了。"

尽管 BuildingConnected 的长期目标是为其所拥有的招投标管理解决方案添加一些额外的特色，以便最终成为一个正式的网络运营系统。公司希望就现在的服务，找到宣传自己的最佳方式。（你可能会想起第 1 章我们介绍的那个冰山模型，在冰山模型中，露出水面的部分定义了公司在随后一两年中的作用和价值，而公司所能进入的仅仅是公司最近阶段所能拥有的市场领域，而这恰恰就是公司定位关注的核心所在。）德文知道自己有了一个好产品，明白自己希望发展成什么样子。"我们只希望知道如何更好地表达自己，"他说，"我们的问题是，'我们该怎样描述自己才能让人们了解我们与众不同的特点？我们怎样才能解释清楚我们这套招投标管理解决方案与其他方案的区别'。"

简而言之，他们希望知道怎样在市场上更好地定位 Building-Connected。更具体一点儿，他们希望知道，在涉及水位线之下的看不见的冰山主体方面（未来目标和长期愿景方面），本着让定位经受住时间考验这一原则，该怎样对公司进行定位。

与此同时，公司尽管正在与行业中的一些顶级建筑商（包括特纳建筑公司、麦卡西建筑公司、韦伯考建筑及斯堪雅建筑集团美国公司）进行合作，但公司依旧需要克服以下视野局限：公司只不过是一家刚刚迈出发展脚步的区域商，对可能来临的黄金发展机会还没有做好相应准备。

德文说："这就是我们真正希望改变的。"为了这一目的，Building-Connected 希望能够进入总包商这一竞争对手相对有限的市场领域（在十余年的市场发展之中，约有 1000 人左右的市场），而这一市场的进入，将让公司步入这样一个发展阶段：公司规模的壮大将无可避免。

"啊哈"要义

尽管 BuildingConnected 的管理团队最初最为关注的是品牌推广（具体地说，涉及网站建设和产品营销视频的制作）的需求，然而，领导层很快就意识到了在聚焦品牌创意表达之前，确定公司精准的战略定位、界定公司市场进入战略的重要意义。

公司产品经理札克·海斯在提到由我们启动的旨在揭示公司隐含DNA 流程的初次会面时，说道："那一刻就是欢乐开始的时刻。"海斯和德文一致认为，DNA 的活动确实令人大开眼界，管理团队的多数成员最初将公司看作传教士型公司（正如前面所言，在技术行业中，几乎每个人最初都希望自己的公司成为一家传教士型公司），然而，作为产品经理的海斯力主工程师型的观点。可是，最终，管理团队吃惊地发现，公司实际是一家母亲型公司——这一压倒性的结论，究其根源，主要归因于公司首席执行官的个性特点及其所关注的核心。

下面，我们来介绍一下事情发展的具体经过。在我们团队与BuildingConnected 高管人员的一次会议中，管理团队了解到有客户打电话反映供应商的事儿。海斯回忆说："每个人都放下了手头的工作，开始关注这一问题。达斯汀跳起来说：'我现在就给这家伙打电话。'而你们团队的人却是这样的反应：'嗯，首席执行官为了给得克萨斯的一个客户打电话，就中止了会议。客户遇到了一个微不足道的问题，然后整个团队就放下了所有的工作，忙着处理这个小问题。真有点儿意思……'"

就在这一刻，事情已经很明显了（如果对方的团队成员还没有意识到的话，至少对我的团队成员来说），BuildingConnected 是一家母亲型公司，是一家聚焦于照料一个特定市场具体需求的母亲型公司。基于这一原因，我们将公司界定为客户细分式母亲型公司，而非客户体验式公司。然而，正如许多传教士型公司既会利用个人崇拜式的公司优势，也会利用明日之星式的公司优势一样，母亲型公司也会充分利用客户细分式及客户体验式公司的不同优势，只不过它所表现出来的一种基因类型的倾向性会比另外一种基因类型的倾向性稍微出色一点儿而已。

海斯在提到那次中断的会议时，说道："尽管接受这点确实花了一些时间，但随后我们就真心拥抱了这一观点。对我们多数人来说，我们最终希望的是成为一家客户型公司。'母亲'一词实在与我们的形象不太匹配。"

然而，最终，他们确实真心地接受了这一观点。在我们下一次的会议中，当我们重新回顾早期探讨过的荣格的 12 种品牌原型（第 5章谈到的内容）时，转折来临了。当时，在很多研讨之后，海斯说：

"我们中的绝大多数倾向于英雄这一原型。我们希望与低劣的软件作战到底，希望与行业中所有低劣的事物进行斗争——代表客户为改变而奋斗。"随后，德文在桌子上摆出了两张卡片：照顾者和情人。一开始，每个人都笑了——德文无论从块头还是从个性方面来说，都是个大家伙。显然，他清楚自己在施工现场的行为方式。然而，稍后，他的选择开始回归理性，没人再笑他了。

海斯说："这就是我们思考事情的方式：我们总是在寻找对客户来说什么是最好的解决方案。我们希望确保客户开心。你们这些人说，'看一下你从客户那里收到的反馈'。我们收到的所有反馈都是客户服务是何等重要，客户体验是何等重要之类的信息。你告诉我们，'这就是你们这些人每天所做的工作。对你们运营的每一件产品，你们谈论的都是客户体验。你们不会问诸如怎样才能符合不同的价格区间，或者是其他与产品相关的问题'。一旦我们明白了这一点，是的，确实如此，我们真正关心的是客户，是他们的体验——我们对这些事项的关注远远超出了对产品层面事项的关注。我们并没有提供一系列的产品，我们提供的是一个整体的解决方案。"

海斯提到，在小组分享前，由于在最初的选择上，管理团队中每个人的选择几乎没有重叠，因此让管理团队的每个人独立选择一种品牌原型确实有用。海斯说，在第一个回合中，大家看过彼此选择的卡片后，结果还是"有点儿小小的震撼"。团队选择的范围很宽，从英雄原型到智者原型，不一而足。显然，对团队而言，他们并没有一致的观点。

海斯说，介绍团队成员选择的依据是一种学习的体验。最终，他和其他选择工程师型及传教士型的人员，开始接受德文的照顾者类型。用DNA方法的术语来说，这一类型与母亲型的特点一致。（德文的第二个选择是情人原型，尽管这一开始引发了小组的调侃，但这一原型对私密关系的承诺与母亲型DNA也具有一致性。）这也说明了很多团队成员倾向于选择英雄原型的原因。海斯说："哦，我们确实在争取一些东西，但直到我们看到这些卡片上的内容，我们才意识到自己正在为了什么而奋斗。我们并不是为了抵制竞争对手而奋斗，也不是为了抗击'那个人'而奋斗，我们是为了客户而奋斗，是为了那些将技术嵌入所在行业而需要帮助的人奋斗。他们是那些出色而睿智的人，一直致力于建造那些可以经历百年之久的惊艳建筑。但有时，技术会以不同风格、不同方式进步，与他们所熟悉的有所不同，帮助他们便是我们的职责所在。"

德文同意这一说法，同时指出，虽然"硅谷研发世界上最好的技术"，但直到最近，BuildingConnected 的成立，硅谷才算是开始对建筑行业给予了相应的关注。"嗯，猜猜这会怎样？对任何行业来说，技术的采用都需要花费一点儿时间，因此，我们还不能期待在一夜之间建筑商们会蜂拥而至。"

当他热切地切入主题时，德文关于母亲型 DNA 的观点得到了充分展示。他说："我的一些首席执行官、首席技术官朋友及其他一些负责建筑技术的同行，经常拿建筑开玩笑。他们会说，'哦，对的，他们不是那种精细的人，对技术也不感冒'。但这一点儿也不对。我们的客户还是非常精细的。看一下他们建设的项目就可以知道。这些建筑非常复杂。没有一种高水平的精细方法，是无法建设完成楼下那种花费 20 亿美元的项目的。"德文指着邻近的一栋建筑说："只是因为他们对某个应用软件不能做到炉火纯青的操作，或是因为他们不使用电脑，就可以断定他们是粗人一个吗！我恨透了这种先入为主的观点。"

然而，确实是因为建筑行业进入技术这场游戏的时间短，拥抱技术的速度慢，才使得 BuildingConnected 这样一家母亲型公司投入了如此多的努力（甚至是在不知不觉中），以使得其免费的平台易于操作，比如可以自动更新用户的合同数据库。与此同时，公司还提供热情的客户服务及技术支持，以更好地支持平台运营。

　　基于这样的理解，写出 BuildingConnected 的定位（一种带有全新的、与众不同的客户体验的建筑招标管理系统）和电梯间故事，便只剩下小小的一步了：

　　　　BuildingConnected 是一个带有全新差异化方式的建筑沟通平台。这一平台出奇地好用。借助这一平台，总包商和分包商可以安全而免费地进行信息查找、沟通和资料分享。平台分析系统能够让用户在每次合作中获得更多帮助，取得更睿智的结果。从此，你再也不用费时费力更新合同数据库了。我们所做的一切，都是为了节省您的时间。

　　回顾我们合作的历程，德文说他最欣赏的一项活动便是将 BuildingConnected 置于史蒂夫·布兰克的花瓣图表（我们在第 4 章中做过介绍）之中。这项活动提供了一个广角镜头，可以用来审视公司差异化的竞争表现。他说，这一图表，向团队成员展示了 BuildingConnected 所处的位置，引导团队成员对竞争对手及相关行业公司界定其在图表中的位置，鼓励团队成员思考公司希望拓展的业务领域。可以说，在展示建筑行业的整体状况方面，该图表发挥了重要作用。这一图表还为高层管理人员提出了警示：公司需要考虑的是，占据其他花瓣的一些公司同样会努力拓展其经营领域，甚至会将目光投向 BuildingConnected 的疆域之上，以展示其实力，并与 BuildingConnected 进行竞争。

结果

　　为 BuildingConnected 提供的 "啊哈" 定位，帮助 BuildingConnected

锁定其所关注的差异因子并做出相应的努力，坚信这将促使初始目标客户以全新的科技思维接受公司定位——所有这些均未因定位的改变而对现有客户产生不良影响。由于早期采用的转型方案让公司进入了规模发展的阶段，因此，我们的定位服务还帮助公司实现了市场进入方式的演变。

BuildingConnected 在新定位、品牌、营销规划及网站建设方面的努力，让其在 2016 年年底时，实现了十余个市场领域的 1000 多名总包商进驻平台进行使用的目标。这使得公司成为规模巨大的招标管理服务提供商。

当然，基于 DNA 的定位工作，其影响并不仅仅局限于这些数字性的结果上。海斯说："在所有的设计中，我们都会从定位的角度进行思考——设计能否令人耳目一新？这一思考成了我们的过滤器。我们甚至这样谈论定位：'这种定价模型能否令人耳目一新？'通常我们会说：'不，这实际上是令人厌烦的。'有时，我们会看看设计，然而说：'是这样，确实有用，但它不能给人耳目一新的感觉。重新开始好了。'"

德文指出了 DNA 类型和定位两者之间的联系，后者的效果是从前者中生发出来的。他说："我想，这确有实效的原因，还在于我们聘用了出色的员工。但我们的定位说明毫无疑问是成功的关键所在，因为在商业建筑领域，我们比其他任何一家软件供应商都成长得更快。我们的团队规模比绝大多数的竞争对手都要小，即便这样，我们还是表现出色。这里的每个人现在都知道，他们需要与客户交谈。"

德文大笑，说他面对这样一家技术公司，有一个非同寻常的"问题"：海斯作为一名产品经理"将太多的时间花费在了客户支持上"。（想象一下，一家工程师型公司的首席执行官也这样说，那会怎样？）然而，他承认，在这一点上，他也不例外。"回想我们还是一个小团队时的情景，那时只有我来应对客户，我几乎要患上强迫症了。不回应客户，我就无法忍受。就我的经验而言，如果给某家公司发电子邮件以寻求其支持，然后等了三天该公司还不回复，再没有比这更糟糕的啦！为什么需要花费这么长的时间？所有这些都将导致糟糕的客户体验。"最后，德文说，与客户交流实在是一桩好买卖。"如果你是一家客户型公司，你真正提供了出色的客户体验，就会获得回报。客户会变得忠诚，而当客户这样做时，要想将客户拉走将会非常非常困难。"

海斯说，投身于客户支持最大的优势是这种亲身实践会对产品开发提供许多信息。他解释说："我们产品决策的 99% 直接来自与客户发生的一些互动。"德文同意这一观点，他补充说，他鼓励所有员工，特别是销售部门的员工，要定期查看客户支持团队的报告。"这会让每个人理解产品的痛点在哪里。"

关注这些痛点，也有助于强化公司基于 DNA 的定位。"自从我们开始进行（DNA）的活动以来，我们已经成长了许多。"德文认为，这种成长表现在规模和对公司力图实现的目标理解两个方面。他的原话是："我们需要确保公司中的每个人都能理解，这是我们的价值观，我们认为这些价值观和这一定位将在驱动客户采用我们的平台方面取得真正的成功。"这就对所有新入职的员工提出了要求——无论他们身处哪个部门。"每个人都会收到同样的信息：我们是一家客户型公司，这是我们所理解的公司价值所在，是我们的文化，也是我们的哲学。"

实际上，在海斯看来，知道公司是母亲型公司这一定位，在提高招聘流程效率方面已经有了极大的差异化表现。"如果我们感觉应聘者的哲学无法与我们的哲学匹配，我们将不会聘用此人。假如我们准备招聘未来的产品经理，如果来应聘的人真正喜欢的是微软的那种'用一堆产品填充一堆细分市场，然后再将它们整合在一起'的行为模式，那么，他也许与我们的工作方式并不匹配。"

BuildingConnected "耳目一新"的运动在其所在行业中取得了成

功，这也使得公司在既定的时间框架内实现了公司制定的全新业务目标。但这一业务领域的成功直接来源于公司在定位上的成功：在向市场发布定位信息之前，先在整个组织中提炼形成基于 DNA 的定位。公司所有部门围绕基于母亲型定位（"BuildingConnected 提供令人耳目一新、与众不同而又简单易行的客户体验"）进行的内部整合，确保了宣讲外部故事时的凝聚力。

管理团队对定位方面的内部整合依旧令人兴奋不已，至今热度不减。海斯对这一整合为公司技术部门带来的影响尤其满意。毕竟，这一部门的人员在面对信息和营销工作时，以玩世不恭而著称。他说："几周前，我们举办了一次大型发布会，客户反馈众口不一。所有的工程师忙了整整一个晚上来了解客户的所有反馈，因为每个人都知道对客户做出回复是最重要的事。尽管我们并没有发布什么新东西，但每个人都知道，回复抱怨的客户、解决他们的问题是最重要的事情。只有做到这些，我们才能有所进步。那一周简直太疯狂了。

"有些公司可能会说：'哦，不管怎样，我们在第二次发布时会摆平这些问题。这些客户并不打算抛弃我们。我们还是以此为契机为产品再增加点儿特色好了。'"海斯曾在微软工作过，当时正好赶上微软的 Vista 产品上市，他依据自身的经历，认为在微软，这样的态度司空见惯。"人们会说：'噢，我们会在下次把问题解决。'而在这里，我们的态度是：'不，我们这次就把问题解决。'"

第11章

Addepar：选择的武器

DNA 类型：工程师型

基因类型：产品价值式

挑战：如何清晰地表述在一个停滞而守旧的行业中攫取的实时数据的价值。

德意志银行 2015 年的一份报告评估认为，全球市场的金融资产（股票、债券及其他各种有价证券）大约 294 万亿美元。那么，看到《经济学人》的这样一份报道，自然也就没什么稀奇的了："金融行业，以营业收入的一定比例投入技术之中的花费，当然也就比其他行业更多。"文章接着说："然而，与世界上的电子商务相比，银行系统有时依旧给人一种大众甲壳虫的老旧感觉，而非 F1 赛车的高大印象。"

位于硅谷的 Addepar 正在加班加点，以便将金融行业提升到 21 世纪的发展快轨上来。公司为全球财富投资管理市场提供云平台，让金融财富管理人员能够更机动灵活、更清晰透明地面向客户。具体来说，其客户群体包括：家族理财室、注册投资顾问、基金及养老保险、全球顾问、银行、金融服务公司和电信经纪行等。

公司创立于金融危机爆发后的 2009 年，总部位于加利福尼亚州的山景城，在纽约、芝加哥和盐湖城均有分部。首席执行官埃里克·波里尔于 2013 年掌管公司的管理大权。据他介绍，那场危机（在许许多多的其他事件之中）"向世人展示了这样的现实：许多持有复杂投资组合的大型投资商对实际持有的资产及面临的风险的理解还远远不够，他们或许另有想法"。

2003 年，波里尔一走出大学校门，就加入雷曼兄弟公司，开始了在金融领域的职业生涯。在雷曼兄弟公司的前三年，他从事一项固定薪酬的分析工作，写出了《大空头》这部著作及电影中描绘的许多工具。他说，最让他吃惊的是雷曼兄弟公司每年在技术方面的花费高达 40 亿美元。他说："然而，当他们提及技术时，技术其实指的是人——是那些使用旧系统的员工。从我作为一个程序员的视角来看，我意识到我们可以做得更好。"

从大学时代起，就一直担任波里尔创业导师的传奇技术企业家、掌管亿万风险基金的投资家彼得·泰尔，在 2006 年时，引导他担任 Palantir Technologies 的董事。这是一家专注于大数据分析的计算机软件服务公司，是泰尔于 2004 年与另外四人一起创立的，其中包括连续创业者乔·朗斯代尔。乔·朗斯代尔后来加入了 Addepar 的共同创建之中。在 Palantir Technologies，波里尔与朗斯代尔紧密合作。波里尔说："我们擅长构建大规模的现代技术，从一大堆不同的信息来源中抽取数据，将其整合到一个数据模型中，随后在这之上构建直观工具。"波里尔在 Palantir Technologies 工作了近七年，最后几年他致力于构建这一行业的商业一面。波里尔意识到，自己"希望回归到技术可以贯穿金融系统核心"的地方工作，随后，他加入了朗斯代尔的公司工作。

波里尔将 Addepar 描述为一种为投资及财富管理人员的基于目标而构建的技术。这一技术将复杂的与投资组合相关的所有信息合为一体，提供直观工具让财富管理人员对其投资组合进行剖析，从而简洁地勾勒出投资组合的细节表现。他说："我们的许多客户属于高端财富管理人员。他们为其客户提供周到而细致的服务，这就让他们基本上变成了关系管理人员。所谓的关系管理，实际上意味着他们需要拥有出色的技术，以便能够让自己以一种精心定制的方式，针对每一个特定客户进行清晰的表达和陈述。我们为他们提供一系列更好的工具，以便其能够更好地服务自己的客户。"

Addepar 在这一点上的实现，是通过提供交互式分析将复杂的投资组合进行展示，以易于客户理解。"如果我是财富管理者的客户，我想得到下列直白问题的答案：'净值是多少？资产是怎样匹配的？不同账户间的资产匹配是什么样的？我投入了多少只基金？这些基金的运营状况怎样？苹果公司本周发生的一切与我有什么关系？我注意到了原油领域发生的这件稀奇事，这会对我有什么影响？'"

然而，有这样一个问题："当你开始问这些问题时，顾问通常会说：'一两周后我会联系你。'但顾问真正想说的是：'我生活在 Excel 的世界中，这些东西我都需要手工操作，需要从旧的会计系统中将数据抽出来。'我们现在所做的，是通过技术来解决那些过去几十年来需要手工操作的事。"

Addepar 的平台提供了一个更简单、更具常识意义的投资方式。波里尔认为，随着投资世界越来越复杂，这样的方式早已多年不见了。"你可能会想，'嗯，这种技术当然已经存在了'。这种技术确实（以不同的方式）存在于谷歌和亚马逊的业务领域之中，但你会发现，这种技术在金融领域并不存在。因此，银行投入了大量的资金来构建这一技术。但每家银行开发的技术通常被局限在银行的内部应用之中，技术并没有被其他银行共享。"

从投资者的角度来说，这让事情变复杂了。"如果你在三家不同的银行开设了账户，而且你对许多不同的基金进行了投资，那么你所面临的结果便是在接收信息时收到数不胜数的不同格式的数据资料。"波里尔说，"结果，你每天都需要让一大堆人通过手工操作的方式来弄明白所有这些格式中每个数据的含义，以试图了解这些数据如何匹配在一起。"

这就是Addepar的职责所在：Addepar需要整合银行传统数据系统并将这些数据转换到一个模型之中。波里尔说："假如你已经决定将投资组合的20%投入拉美地区，那么，我们的模型会向你显示可以在拉美地区投资的所有不同的项目。该模型也会向你显示一种投资与另一种投资的收益状况对比，从而让你可以做出权衡取舍。同时，模型也会显示一种投资与另一种投资的费用对比。长此以往，我们就能够帮助人们理解这样一个事实：'对的，如果你准备接受这一类型的风险，按照你的方式去做，你将会付出高达五倍的费用。为了达到同样的目标，你可以付出更低的费用来买进这样一种投资。'该模型实际就是让你能够本着内在一致的方法，在整个金融世界中进行导航。"

简单地说，过时的、易出错且过于烦琐的流程是金融领域的羁绊。这一流程需要人们借助那些用了30年的软件系统，并翻查大量报表才能得以改进（也就是说需要人们对静态数据进行梳理，需要人们去做那些依靠技术才能够做得更好、更快的工作）。Addepar为这一体验赋予了现代化的感受：顾问可以通过完全保密和加密的渠道，直接从银行那里获取数据（波里尔将这一技术称为"工业力量管道"），这样就可以让财富管理人员仅仅通过一台电脑或一台平板电脑就能够对客户的问题立即做出回答。"客户不会像以往那样每个月才得到一份报告，而是可以实时准确地查看他们的投资在哪里、投资进展如何。"

波里尔将Addepar的模型比作iPhone手机。iPhone手机能够与众多的应用软件进行连接，用户不需要担心数据会怎样存贮，苹果公司的移动操作系统会对其进行处理。他说："对我们而言，这是同样一种概念。我们负责从各个银行中获取数据，我们设立从不同渠道提供实时信息的安全权限和算法规则，让我们的客户能够与数据互动，进行场景规划，及时与客户进行投资决策方面的讨论。除此之外，如果客户想在市场上发布新风险模型或新金融产品，借助我们的系统也可以轻松实现。我们提供基础的数据接入和建模服务，让客户可以在上面进行工具开发。这实际是对金融系统各个部分及如何以直观的方式加以整理所进行的周密思考。"

他说，对今天的工程领域来说，这听起来似乎一点儿也不难，但从数据的观点（一种技术观点）来看，将其扩展到用户体验这一方面还具有一定的挑战性。"我们已经采取了雄心勃勃的方式构建这一技术，然后再在市场上针对那些与 Excel 表格打了数十年交道的客户进行定位。"

带着解决现代投资管理挑战及重新定义什么技术能够让金融行业愈加符合现代世界（谷歌和亚马逊的世界）的使命，波里尔及其管理团队成员意识到，需要围绕公司的市场中心积聚动力，最终让 Addepar 不仅成为金融技术的领军者，而且成为行业未来的发展方向。为了实现这一目标，公司还需要努力打造一个能够吸引顶尖技术精英（潜在应聘人才）的品牌形象。

作为研究的一个不可分割的组成部分，我们主持的客户访谈揭示了这样一个事实：在投资管理人员看来，当他们在为客户进行决策时，公司为他们提供了取得显著进步的利器。然而，这一利器如何运作还不是非常明显，而对那些创立多年的传统投资公司的员工而言尤其如此，他们已经适应了在低技术含量、通常缺乏组织的环境下工作——基本是在 Excel 表格氛围中而非奥林匹克级别的编程环境下进行工作。波里尔说："我们理解清晰表明自己身份的必要性，我们期望将公司的文化和愿景付诸实施，进而让外界能够感知我们的文化和愿景——与外界沟通以便让人们能够理解我们的所作所为。"从本质上讲，他说："Addepar 长于研发，而弱于沟通。"

"啊哈"要义

就像平常那样，我们的第一个任务是与领导团队一起合作，界定 Addepar 的核心 DNA。尽管公司颠覆性的数据挖掘和交互平台最初让管理团队一直处于纠结之中，想把公司界定为传教士型公司（几名团队成员在工作坊品牌策划中进行荣格原型探索时，都被魔术师那张卡片吸引了），但这一活动最终揭示了 Addepar 是一家工程师型公司。尽管传教士型 DNA 肯定在 Addepar 的 DNA 之中占据了不止一点点儿的成分，但很明显，公司主要被工程和技术的 DNA 驱动，而客户体验依靠的是公司提供出色产品（一种能够简化投资者及顾问复杂的投资组合，让他们实时接触投资信息的产品）的能力，而非客户服务。公司具备真正的工程师型风格，在 Addepar 250 名员工之中，大约有半数属于工程师或数据科学家。另外，在 250 名员工之中，只有四名销售人员。据波里尔说，绝大多数客户是通过口碑推荐的方式发现 Addepar 的——而这也是工程师型公司的另一标志。总之，公司是借助更好的产品通过取得比现状更佳的表现而赢得其市场地位的。他说："开发一款好产品，然后就会引发人们谈论。"

随后的研讨还揭示出重新定义金钱管理这一创意（一项传教士型任务）对于外界似乎并不具备吸引力。金融行业是出了名的保守，任何一种干扰都可能会带来更多的恐惧而非兴奋。

至此，一切都很明显了。正如原来确定的那样，公司通过一个技术平台筛选大量数据以获得那些以前难以接触的模式和趋势，从而实现客户价值（其工程师 DNA 类型）的提供。就像 Waze 导航可以通过对交通数据的挖掘和优先处理来提供最佳路线，以绕开前方 3 英里处的交通事故那样，Addepar 是通过绕过过时而昂贵的手工处理数据的方式，对大量数据进行处理，以便为投资者提供快速而富有价值的洞察。

下一步是确定标准，由管理团队提出一致同意的参数，从而将Addepar 的定位予以界定和规范，同时也让管理团队在实现这一目标时能够及时知道。最后，管理团队仅仅确定了两条标准：

- 在今天的志向和明天的承诺之间求得平衡。
- 吸引并激励投资者和潜在雇员。

然而，对 Addepar 来说，真正改变其沟通会话的是两条标准中的第一条，是成为已经存在事物的未来发展方向这一创意。当然，Addepar 为金融投资创造了一个新品类，但对财富管理行业来说，品类已经足够多了。不要说在传统行业引入"新"事物不可能是一项稳赢的战略。就如进入数字革命时间较晚的印刷行业那样，在金融领域，变化也会缓缓发生；在财富管理领域，并不是每个人都做好了拥抱大数据方法的准备。

然而，睿智的投资者已经做好了准备，如果你的公司是未来某个领域（或者说是任何领域，不管哪个行业）的发展方向，那么那些具有前瞻思维、专注于这一领域的人将会希望与你进行交流。所有这些让我们形成了这一结论：突出 Addepar 为财富管理软件领域带来新事物的能力（向市场提供以前无法提供的富有价值的洞察力的能力），是确保其作为行业未来发展方向这一定位的本质所在。

Addepar 是否对未来成竹在胸？波里尔说："我们真正希望成为全球金融系统的操作系统。"打开公司网站，你就会发现这一定位赫然列在突出位置。今天的志向："Addepar 是第一家能够轻松处理你的所有资产，将你的金融目标与现实可行洞察力紧密结合的投资管理平台。"明天的承诺："为我们的金融世界探讨新的操作系统。"

清晰地表明一个既适用于今天而又能够延伸到未来的宽泛的产品愿景，正是工程师型公司喜欢做的事。对这家工程师型公司来说，其基于产品的定位说明也表明了这点。

结果

明晰 Addepar 在市场中的定位，为其在 2014 年进行的 C 轮融资获得了 5000 万美元的资金。（2017 年 6 月，公司完成了 D 轮融资，又获得了 1.4 亿美元。）进行 C 轮融资前夕，Addepar 已经将公司定位为针对今天的投资者的解决之道，已经开发完成了一个简洁的公司叙事，叙事的核心聚焦于公司在市场上已经验证过的关键信息（诚信、透明及有影响力）。最终，Addepar 高质量的、以产品为中心的 DNA 成为通向其相应品牌的一座桥梁，该品牌在硅谷和华尔街两个地方都赢得了客户和潜在雇员的青睐。

着眼于确保公司确立的这一品牌桥梁的坚实基础，公司于 2014 年 3 月联合主办了史上最大的竞争性编程马拉松比赛，接着公司又在两年后主办了第二场编程马拉松比赛。为了与其工程师型 DNA 协调匹配，面向公众的两次编程马拉松比赛的目的不仅是完善产品，同时也是为了引起硅谷技术精英人士的关注。波里尔说："编程马拉松比赛对我们的文化来说确实重要。在强化我们在工程技术领域的投入方面，比赛是一种不错的路径。"这些比赛也让 Addepar 在定位地图上找到了自己的位置，让公司突破了硅谷这一范围，吸引了工程技术人才的目光，可以说在这两个方面，比赛也是一种不错的路径选择。"许多参加编程马拉松比赛的人来自美国之外。他们拓宽了我们对这些市场的认知，毕竟在这些地方我们还没有真正做出有效的招聘努力。"

内部编程马拉松比赛对巩固 Addepar 文化也同样重要。波里尔说，这种比赛每 3 ~ 6 个月举办一次。程序员向同事展示其作品，随后大家投票确定胜出者。由波里尔来决定奖励品类，奖励通常是体验性的，奖励的特点是对创新公司进行实地考察，比如到湾区对面的特斯拉或是到洛杉矶之外的 SpaceX 进行考察。

尽管 Addepar 对技术压倒性的关注保证了公司工程师型的定位，但值得注意的是，其身份识别及富有开创性特点的数据驱动技术平台有很大一部分是基于公司处于次要地位的传教士型 DNA 构建形成的。尽管传教士型 DNA 可能会在未来继续发挥次要作用，正如其在公司海外市场和不同细分市场（包括捐赠资金、基金、养老金及主权基金等，所有这些都涉及复杂投资组合的项目）更深入的拓展中所表现的那样，但这也意味着公司在未来发展的道路上发生 DNA 的改变并不是毫无可能的。

同样，这也是一个水平面以下的冰山部分——难以看到的事例。Addepar 建立在一个开放平台之上，任何一方都可以基于这一平台构建自己的应用。这就是一种与致力于成为"我们金融世界操作系统"的公司保持同步的态度。

"向前看 10～20 年的时间，这就是长期机会的所在。"波里尔说，"为了实现更广范围内的转型，我们正在构建一个真正能够切入金融服务领域的产品。"

凭借技术领先这一优势，他说："我们能够将过去那些缺乏组织的事务有效组织起来。这些事务一旦得到有效组织，你就可以做许多新事情。本质上讲，这正是一种构建脚手架的工作。一旦将脚手架搭建到位，你就能够构建一个基础。一旦有了坚实的基础，就可以将新材料搭建到基础上面。这就是谷歌、Facebook 和亚马逊如何将新产品推向市场、如何开启全新行业所做的事情——它们正在一个原来并不存在的基础上努力建设。金融服务领域同样如此。我们虽然拥有数以兆亿的资产，却没有通用的平台。虽然拥有股票交易场所和大型银行，但它们令人陷入困惑。一大堆人在向我们塞入信息，倾倒各种不同的事务，但这些事务无法组合在一起。我们现在所做的就是构建一个基础，以便我们能够将所有这些事务组合在一起。"

然而，就目前而言，Addepar 满足于将自己定位于一家价值式工程师型公司。波里尔说："我们始终如一地把自己定义为一家产品公司，我们怀有这样的愿景：通过将一款精心设计的、高配置、高定制属性的产品推向 120 万亿美元的资产市场，以看到金融系统未来将会发生的变化。"这一系统拥有一个可以整合一切的后端设置。

他说："我认为我们切中了要害，对这个行业中的一些佼佼者来说，这一系统已经成为标配。就这点而言，如果你还没有拥有，而其他所有人都已经拥有的话，你就处于劣势了。"他通过与本章开头引用的《经济学人》那篇文章中相似的类比，总结说："如果你依旧骑马前行而别人都坐着福特车飞奔的话，你就落后了。"

第12章

新思科技：人机界面的革命

DNA 类型：*工程师型*

基因类型：*产品特色式*

挑战：**如何在半导体行业实现新的价值定位。**

2016 年春天，新思科技（Synaptics），这家由两个痴迷于神经网络和技术应用两大交叉领域研究的工程师于 1986 年创立的公司，迎来了成立 30 周年的庆典。创始人将神经网络的概念应用于晶体管芯片上，进而构建形成了一种触摸感知的界面解决方案。公司研制完成了第一块触摸板，这一技术在整个计算机行业得到了广泛应用。实际上，这一技术应用如此广泛，以至于新思科技成了享有盛名的"触摸板公司"。

毋庸多言，对这家位于圣何塞的公司来说，30 周年庆典确实是一件盛事。当然，很多组织可以找出更为悠久的历史，比如杜邦、高露洁、梅西百货等都已经运营了 150 多年了。日本的西山温泉庆云馆，作为一家创立于公元 705 年的家庭旅馆而且是世界上最古老的公司，在经过 52 代运营之后依旧势头强劲。这家宾馆位于日本南部阿尔卑斯山脉的一片温泉旁边，当然算是长寿公司中极为特殊的个例了。但据世界经济论坛的报道，跨国公司《财富》500 强领域的公司，生命周期是 40 ～ 50 年。即便如此，许多公司可以持续运营到庆贺"金婚"纪念日的这一事实，并不会对新思科技 30 年来取得的成就带来任何不利影响。正如首席执行官里克·伯格曼在庆祝这一里程碑时刻时所写的一篇博文所说："30 年，从任何一种尺度来说，都是一段漫长的历程。但在技术领域，这实际上就是一种永恒。"

公司走过的 30 年历程之所以如此非凡，还有另外一个原因。"我们是最后一个依旧坚守这一土地的美国公司。"伯格曼指出，今天新思科技面对的所有竞争对手都是以欧洲和亚洲为根据地的。作为这一领域的最后一家美国公司，新思科技显然正在做一件正确无误的事。公司创立的那年，伯格曼正好从密歇根大学毕业。他于 2011 年加入公司并担任首席执行官一职。他在公司持久运营方面的主要贡献是坚持了公司对核心价值观的坚守。公司核心价值观的第一条是这样规定的：我们珍视创新，我们依靠创新赢得成功。伯格曼说："创新存在于我们所做的每一件事情之中，它被编织到我们所做的全部工作之内。简单地说，我们让设备易于操作。这就是我们希望表达的信息。"

同时，新思科技知道，如果它希望在全球越来越激烈的竞争环境中屹立不倒（而且实际上要引领前行），尤其是在涉及显示驱动、触摸和显示集成以及生物识别领域的创新及并购这一背景时，它需要对公司在市场中的定位做出更好的界定。在多数人的心目中，新思科技是以研发触摸板而知名的，公司迫切希望确立其作为创新者的形象，希望在多个领域的人机界面解决方案（一种震撼人心的技术，几乎就像是 2002 年电影《未来报告》中展示的那种令人难以想象的未来技术）方面，包括移动计算机、娱乐、汽车及其他消费电子产品研发等，均有创新表现。总之，公司希望跳出触摸板这个越来越让自己封闭在其中的"盒子"——尤其是在目前这个触摸板越来越被视为寻常惯事的时代。伯格曼说："我一提到新思科技这个名字，每个人都会说：'哦，对了，你就是那个触摸板公司的人。'我总是得到这样的回应。"

新思科技同时还需要克服第二个障碍：尽管新思科技知道自己在创新方面出类拔萃，但这些创新往往难见天日——或者说即便这些创新推向了市场，也会很快被那些基于公司创意做出改进和完善的竞争对手超越。伯格曼说："创新的激情极为重要，但我们并非基于有趣或创新本身而进行创新。我们的目的是赚钱。"他想起招聘过程中与公司董事会成员的一次会面，听到其中有人评价说，新思科技在发现金脉方面极为出色，但在挖掘方面的表现不尽如人意。公司在创新方面投入了时间和金钱，结果却看到其他公司直接拿过它的产品，离开它，并取得了商业成功。然而，现在公司已经做好准备要将公司的创新和能力展示出来了：从汽车行业的生物识别传感器到适合多个市场领域的安全指纹身份验证，应有尽有。在经过多年的保守运营之后，该是承担风险高调运营的时候了，这样才能让伯格曼所说的那些"好东西"从实验室中走出来，进入市场。

"啊哈" 要义

2014 年，当我们第一次与新思科技会面的时候，公司认为应该对人机界面这一正在运营的领域做出定位。管理团队希望在界定这一定位方面获得帮助，以便为人机界面这一概念赋予生机与活力，同时将新思科技置于行业的领军地位。

不管我们见面时公司处在定位活动的哪个阶段，我们的第一要务当然是确定其核心 DNA。尽管一开始在传教士型状态下进行了一段简短的缠绵（当我们解释 DNA 定位理论时，对很多技术高管来说，这几乎是一个必经的阶段），很快，这些事实就清晰无误地呈现在了眼前：新思科技拥有 1900 项申报成功和正在申报的专利技术，公司 1850 名员工中的 70% 是在技术、工程和产品设计部门工作的。新思科技是一家具有工程师型 DNA 的典型公司。更具体地说，新思科技是一家致力于为客户提供多种产品特色的工程师型公司。与此同时，公司所做的一切都着眼于强化客户体验。伯格曼在公司 30 周年庆典的博文中写道，"计算机、智能手机、平板电脑和汽车本身并不需要更多的千兆赫或兆字节，相反，由于这些设备的复杂性，需要对它们进行概念化改造，需要基于客户体验的视角进行设计"。

为了实现这一目标，多年来，新思科技对产品系列进行了持续不断的扩充，从笔记本电脑进入了移动电话领域，然后又增加了显示驱动、指纹传感及公司提供的大量的其他技术产品。显然，公司还对初始的触摸板产品进行了持续不断的更新。伯格曼说："现在，我们已经在触摸板技术领域进行了 20 多年的创新。有人说：'只不过是个没劲的老触摸板而已，为什么还要费这些劲儿？'但如果你试用一下 20 年前的那种触摸板，你可能会想，'还是算了吧，实在太糟糕了'。甚至对五年前的触摸板来说，你也会有这样的体验。"伯格曼提到了公司与触摸板技术相关的最为出色、最为新颖的一项创新：手掌抑制算法。这一技术实际去除了因手掌停靠笔记本电脑时引发的意外触碰识别。"你一旦适应了这一技术，当你坐在一件不具备这一技术的产品面前时，你就会想：'搞什么鬼？为什么我的光标到处乱跑？'这就是我们所说的那种创新，它总能让我们甩开那些试图克隆我们的对手，甩开那些与我们竞争的、没有通过客户体验来驱使愿景发展的其他大型半导体公司，跑到它们前面。它们不会看到这些东西。它们选择的是那些能够让产品稍微快一些或稍微便宜一些的东西，但它们错失了良机，忽视了什么才是真正重要的东西：客户体验。我们持续不断地进行产品迭代，以提升客户体验。"

这种对现有产品持续不断的迭代，实际就是让新思科技成为一家产品特色式工程师型公司的本质所在（与之相对的是诸如 Addepar 这样的产品价值式工程师型公司）。当然，新思科技也为客户提供价值（就像 Addepar 为客户提供大量的产品特色一样），但公司在产品特色上持续不断的创新驱动让其基因类型显露无遗。伯格曼说："我们的文化是一种修修补补的工匠文化。走进我们的办公场所，就会看到一大堆的旧设备放在四周，看到人们经年累月摆弄的各种物件。我们持有这样一种态度：这有助于创新。"

　　需要额外指出的一点是，在致力于提供直观客户体验的过程中，新思科技的创新并不仅仅是为了自身考虑。相反，新思科技与合作伙伴分享技术。这样一来，合作伙伴就可以依据技术所能实现的部分做出决策。更具体地说，新思科技与其合作伙伴一起进行创新（不管它们是母亲型公司、工程师型公司还是传教士型公司），通过这种做法，让合作伙伴能够在生产前对技术予以调整，以将其技术应用到合作伙伴自己的技术参数之中。总之，新思科技为合作伙伴赋能，让它们能够提供直观的客户体验。

　　举例来说，假如有一家大型餐馆正处于新梦幻餐馆的设计过程中，餐馆计划开在硅谷。因为餐馆开在世界最著名的技术核心区域，所以我决定除了请明星厨师来烹饪美食外（我所想象的这家餐馆，无论从财务角度还是其他角度来讲，均不受想象力的局限），我希望餐馆看起来能够更现代、更酷一些——这也是凸显优势的象征性表现。这就意味着餐馆必须具备硅谷所能提供的最高端的技术特色，而首先要做的就是需要在点菜这一环节配备最先进的界面技术。为了这一目的，我认为印制的菜单早已过时了。同样的道理，让服务人员用笔记本来记下菜单或是将菜单提交到内存中，这些做法也都早已过时。所有这些都代表着低技术含量。实际上，我甚至不想让服务人员使用可以顺利完成任务的 iPad、iPad mini 或其他任何一种形式的手持平板电脑来提交菜单。是的，我想有点儿不同，想让餐厅具备就餐者在其他地方找不到的一些特色。

早已知晓新思科技在创新方面的盛名，我与公司客户体验团队的成员见了面，向其勾勒了我的愿景，问他们能够为我做些什么。我抛出了一些创意，最终有人（可能是他们团队中的人，也可能是我自己）想到了这样一个创意：把桌面变成点菜界面。有趣的创意……于是，我决定先看一下这种产品会是什么样子的。新思科技人员走进实验室，开始思考如何将我所期望的产品特色整合到界面系统中，开始思考怎样才能研制出一款产品样品。实际上，我只是定制了一款具体的技术：我希望研制一款玻璃触控器，这款产品能够提供 100 种不同的菜单选择，而且我希望菜单可以随时出现、随时消失，可以随时被我选择的游戏、拼图、视频或背景图片替换；而且，最终，当然了，账单可以通过移动支付选项来实现。样品一旦完成，我会与新思科技团队成员再次坐在一起，我们会一起评估它，随心所欲地对这一设计进行调整——也许我们会在产品迭代中把饮料选择这一部分改成一种纸质"页面"，也许在另一次迭代中我们会增加一种三连棋游戏，也许我们会摆弄几下桌面调色板以确保其色调能够与周围背景相匹配。我们这样一遍遍地调整修改，直到一切调整到位。最后，我会带着这样一个看起来极酷的直观的触控桌面离开，把我那种前沿的愿景带入现实生活。

人机界面已然来临，而且与我们为公司撰写的定位说明极为一致：**新思科技是人机界面解决方案的领导者。借助创新性的思维、一流的技术及集成式解决方案的产品系列，新思科技能够让合作伙伴实现直观的客户体验。**尽管这样的解决方案在市场上已然存在，而且实际上，新思科技对这一解决方案的许多方面做出了创新，然而，由于这是一项嵌入式的技术，可以更多地嵌入诸如移动电话、手提电脑和传感器等产品品类之中，因此人机界面本身依然没有被界定为一个品类。因此，我们想，为什么不直接站出来，就在定位说明中声明其在这一品类中的领导地位呢？现在看起来，这是很明显的事，但在当时，这仅仅是定位活动中出现的一个令人惊喜的"啊哈"创意。

就像我们前面提及的案例研究那样，我们为新思科技创作的电梯间故事对其定位说明进行了拓展：

> 我们是人机界面革命的先行者和领导者，我们将创新性、直观性的客户体验带入智能设备。我们从可用性和研发，再到供应链和支持保障等多个方面，与合作伙伴合作开发、构建和实施人机界面解决方案，以实现技术的无缝整合，提升系统价值。新思科技授权的产品因在易用性、功能性和产品美学方面的改进，有助于让我们的数字生活更高效、更安全、更快乐。

结果

新思科技的新品牌和新传媒平台于 2014 年年底发布。与创新信息保持一致（秉承公司 30 年的核心价值观）依旧是公司成功的关键所在。信息发布采取了坚定的立场，将新思科技定位为在引领人机界面革命进程中能够提供创新性、直观性客户体验的发明者、构建者和实施者。"为明晰公司 DNA 所做的工作，对我们最终开发完成的信息来说，是至关重要的基础工作。"负责新思科技全球营销传媒及投资者关系业务的主管安·米努卡说："在定位活动之后，我们开发了一个思想引导平台，直接回到人机界面是什么这一主题——我们的愿景是什么，当我们使用这一术语时我们究竟意味着什么。"新思科技以这一平台为基础进行了各种各样的主题演讲，针对每年在北京举办的全球移动互联大会进行了一次展示。"定位确实帮助我们聚焦了公司一直希望表达的信息。"米努卡说，"结果就是，我们的愿景式思想引导故事大受欢迎。"

对新思科技的长期发展来说，被视为人机界面的领军公司势在必行，这也是公司努力维持与客户构建的多年合作关系的原因所在。"我们并没有拥有 200 个客户或是其他诸如此类的优势，"伯格曼说，"我们只有大约 20 个至关重要的客户。因此，我们确实需要与客户紧密合作，尽力让客户永远也不会感到失望。这样做的结果是那些使用我们产品的人往往会先盯着我们看一会儿，然后就说：'好吧，我们正打算做一款可弯曲的手机，你们有什么技术？'我们所做的就是要想清楚，该怎样与未来这些信息处理技术的引擎级别的公司合作。"

这也需要想清楚，该如何以定位为路径指南，在内部和外部都能保持公司的工程师文化。既然创新已经被编织到新思科技所做的一切事情之中（尤其是在公司更深刻地理解了其工程师的内心追求之后），那么在公司文化的各个方面就都可以看到创新的表现，发现这一事实自然也就没有什么值得惊讶的了。这种内心追求照耀着那些为培育创新发明而组织的内部编程马拉松比赛（胜出者会在全体会议和其他场合中得到认可），照耀着公司那面知名的展示专利成果的墙壁，照耀着公司那间摆满了制成品的展室。在伯格曼的内部电子邮件中，在他的网络帖子里，包括那篇 30 周年庆典博文，这点也是表现得极为明显的。伯格曼在博文中提到，公司一贯坚持"彻底投入加强人们与技术互动方式的事业之中"。另外，这也体现在了新思科技在公司并购决策的选择上，这还是公司做出收购 RSP 这一极为理性的决策的原因所在。RSP 是日本芯片制造商瑞萨电子公司的一个业务单元。这次收购是一场互补式工程师型公司间的"婚姻"（两家公司都因其拥有的工程师专家而享有盛名），这让新思科技能够将其触摸技术整合到伯格曼所称的 RSP 的"世界水平"的、应用于智能手机和平板电脑的显示驱动器上。

并购一家同属于工程师类型的公司，特别是一家能够让其拓展产品特色的公司，使得公司在与新员工进行使命和愿景层面的沟通时变得更为简单。这点在明白了公司 DNA 类型在多大程度上能够反映公司本质和怎样传递信息后，表现得尤其明显。伯格曼说："原来我们是随着公司发展，通过每年渗透一点儿的方式进行文化建设的，这样人们就可以自然而然地理解公司文化了。但现在，就像我们所做的那样，一下子注入了 400 人，占了员工人数的 70% 左右。猛然间，你就需要思考该怎样进行沟通，沟通什么，他们的观点是什么等一系列问题。这就需要思考这一事实：他们在没有进入公司的时候，就已经对公司形成了预期的观点。"

新思科技不得不经过许多转型才最终走到了目前这一境地。伯格曼在技术持续不断地改写人机界面图景的形势下，预见到了前方更远的路程。同时，伯格曼还预见到了未来的发展图景，他预判虚拟现实将会成为下一个新的发展大前沿。他还看到了在汽车、可穿戴产品以及物联网领域蕴含的极大机会。尽管半导体行业不再像以往那样保持同样的历史发展速度，但他提到这依旧是一个 3500 亿美元的生意。他说："现在我们只不过达到了 20 亿美元的营收水平，只占 1% 的份额，因此我们面临持续增长的机会有许多。"在下一代应用设备中，客户体验将发挥越来越重要的决定性作用，新思科技决定继续将公司定位在行业领导者这一位置上，正如伯格曼在 30 周年庆典博文中所说的那样，"准备驱动人机互动的下一个转折点"。

他提到，五年前没有一家半导体公司谈论人机界面，"但现在，这就是新思科技因此而知名的领域。这彻底改变了行业中人们对新思科技的看法"。

第13章

Retrotope：明日之星

DNA 类型：传教士型

基因类型：明日之星式

挑战：如果被夹在无法脱身的两难境地，如何在制药行业创建科技桥头堡，用新的方法战胜疾病。

还有什么是比成为明日之星更好的呢？谁不想成为明日之星，像苹果公司、亚马逊、谷歌、奈飞或 Salesforce 那样，从一开始就是未来的尖端？

完成从潜在的明日之星到真正的明日之星的跳跃，是一项让人特别焦虑的活动，尤其是在动辄天价、"一切由我做主"的制药领域，研究人员、科学家和大型制药公司往往与你或你的大创意没有关系。

总部位于加利福尼亚州洛斯阿图斯的 Retrotope，作为一家私营的临床制药公司，在其众所周知的抗衰老目标及战胜帕金森症和阿尔茨海默氏病等退化性疾病方面，就面临这样的挑战。为了实现这一目标，该公司于 2006 年进行了公司化改制，并在抗衰老与抗退化的整合理论方面取得了革命性的进展，这一革命性进展可能会形成意义重大的对抗疾病的新方法。公司还创造了一种新药物品类，这些药物由专利和强化的合成物构成，既可以治疗退化性疾病，也可以提升人们衰老过程中的生活质量。

Retrotope 的疾病改善药物是由化合物构成的，这些化合物的化学性能稳定，并含有必要的营养成分。该公司设计了一种新的药物，可以通过亚油酸的改变减少疾病。亚油酸是一种食物中常见的基本营养物质，经过观察发现，亚油酸摄取量的细微改变，可以大大增强细胞的抗脂质过氧化作用，从而有效地减少许多疾病导致的损害。由于这种变化极为细小，因而可以让人们的机体功能保持正常运作，与此同时，可以通过强化亚油酸的正常使用让细胞对退化性疾病的损害起到"防火墙"的作用。该公司已经表明，在临床试验中，通过服用一种鱼油状的亚油酸胶囊，受到疾病侵袭的细胞就可以得到修护，起到抵御疾病入侵的作用。据该公司称，这种药物副作用很小，甚至可以忽略不计。

简而言之，Retrotope 的治疗方法能够在生物医药领域产生里程碑式的巨变。

这正是问题所在。

除了 Retrotope 走向市场的故事太长、太复杂之外，还有就是它最能引起人们关注的部分被那些令人畏惧的科学术语和数据埋藏了。此外，还有一个更大的问题，那就是公司所提供的产品新颖而不被人熟悉。因此，Retrotope 董事会主席哈里 J. 萨尔博士说，公司面临来自制药公司高管和投资人的高度怀疑，他们将 Retrotope 视为最大的商业冒险。

遭受质疑是明日之星公司经常面临的一大障碍。我们听说过，当史蒂夫·乔布斯在 1997 年重返苹果公司时，他也是被一堆质疑和拒绝包围着的。当然，对新生事物而言，嘲笑和鄙视并不是什么新鲜事。亨利·福特也曾遭遇歧视，而有着同样遭遇的还有他的投资人，底特律律师霍瑞斯·瑞克汉姆，他没有听从密歇根储蓄银行的劝告，购买了福特的股票。该银行反对其购买福特股票的理由是："马本来就实实在在待在那儿，这辆汽车只会是个转瞬即逝的新鲜玩意儿。"托马斯·爱迪生也一样，他为了追求最著名的发明——电灯泡，遭遇了数不清的失败与努力（据说数以千计）。史蒂文斯理工学院的亨利·莫顿拒绝接受他的第一个商用电灯泡，并预言这将是一个"显而易见的失败"。爱迪生对人们的嘲笑只能视而不见。爱迪生本人也曾因为拒不接受新生事物而犯过类似的错误。当时，他对尼古拉·特斯拉的交流电模式嗤之以鼻，声称"傻乎乎地搞什么交流电，纯粹是在浪费时间，没有人会使用交流电"。当然，还有数字设备公司创始人肯·奥尔森在 1977 年那个著名的失误判断："任何人都没有理由在自己家中拥有一台电脑。"

Retrotope 既没有受到鄙视，也没有受到嘲笑；但也许更糟的是，根本没人关注这一新理论。实际上，事实证明，与对的投资公司中对的人会面是一个极为突出的障碍。没有其他公司涉足这一领域——甚至其他公司连谈也没有谈及这一领域，就好比 Retrotope 在真空中运作一样。人的天性如此，大多数风险投资家都厌恶真空；当涉及新事物时，很少有人想成为第一个进门者。萨尔说："风投公司不想向一个没有多家公司可供选择的行业投资，如果有更多的选择，也许他们会说'好的，太棒了，有那么多公司都想攻克这个难题。这一家可能会比那一家看上去更好一些，那么我就选择更好的这一家投资吧'。"但是，如果只有一家公司可供选择，他们会变得缩手缩脚。"总让人感觉，这太不可思议也太危险了吧。"

让事情更糟糕的是，高管和投资商还总是关注公司的配方。配方依靠的是化学解决方案，这种解决方案使用宽泛的方法来降低退化性病症的副作用，而不是从源头上消除这些具体问题，而后者正是医药研究机构防治疾病的首选方法。在高管和投资商看来，Retrotope 的配方对医药研究机构的标准操作流程是一种威胁，甚至会对医药研究机构人员的职业发展形成威胁，而这又为明日之星常常遭遇的障碍添加了极为有趣的注解。像亨利·福特、史蒂夫·乔布斯和埃隆·马斯克等传教士型企业家，可能听到过（也可能根本不在乎）这样的评价："别浪费你的时间了，这是不可能做到的。"而 Retrotope 所面对的评价则更为直接："别浪费你的时间了，这不是我们该做的。"

据 Retrotope 联合创始人兼首席执行官罗伯特·莫利纳里博士所说，公司发现，即使潜在投资者对公司有兴趣，他们很快也会面临这样的问题：公司应该做的是找到特定疾病的成因，而非仅仅应对机体功能失调的障碍。他说："有人强烈地认为，你必须通过关注病因来开始治疗疾病——例如，如果你不进行基因治疗，那么你就不是在治疗疾病，甚至不能治愈这一疾病。"

这就意味着 Retrotope 的方法根本不受欢迎。"随便拿起一本科学杂志，比如《自然》，或者像斯坦福大学以及其他研究性大学的书报杂志，你就会发现，现代医学的趋势是那种所谓的精准医学，"Retrotope 的联合创始人、美国国家科学院院士查尔斯·康托博士说，"也就是你需要研究某种特定疾病的致病路径，研究这种特定疾病的治愈方式，然而小心谨慎地通过植入某种药物成分对疾病的致病路径进行攻击，进而治愈这一疾病。这确实了不起。然而，问题是我们带来的都是与之相反的东西。如果我们告诉制药公司中人士我们正在做的是什么，你就会发现，他们会立刻皱起眉头，仿佛在说'不，不，那不是我们要做的，那也不是我们研究科学的方法'。"

当然，Retrotope 所采取的是一种与众不同的方法——不是去彻底消除某种疾病，而是将工作重点放在清除自由基上，以斩断由自由基导致的疾病伤害。所有疾病的形成都是一系列复杂的过程，萨尔解释说，问题在于"在这个过程中，你从哪里开始干预"。赞成精准医学

的人会说，你应该一开始就介入——你必须修复基因，或者从开始就
预防，以避免疾病的发生。但如果你把疾病看作一条链条，你就会意
识到，如果你打破其中的任何一个环节，你就可能会打破这条链条。
萨尔说："不管你是打破第一个环节，还是打破最后一个环节，或者
打破中间的环节，这都无所谓，因为如果你断开一个环节，整个过程
就停止了。"

Retrotope 的首席执行官莫利纳里博士举了一个例子，他提到了
弗里德赖希共济失调这种罕见的神经退化性疾病。对于这种疾病，
Retrotope 的 RT001 药剂已经进入了临床试验（目前还没有已获批准
的治疗方法）。如果不进行干预，大多数患者可能会逐渐失去协调能
力和肌肉力量，导致运动能力丧失，行动完全离不开轮椅，最终会因
心脏并发症而死亡。萨尔说："如果我们能够让病人行走，就意味着
这种疾病已经得到了改善。是的，他们仍然会有基因缺陷，但不会产
生负面影响。"

这种药物的另一个好处（至少是理论上的好处）是，它不是弗里
德里德赖希共济失调的特效药。它不像精准药物那样，你有某种症
状，然后根据症状吃某种药物，进行精确的靶向治疗，Retrotope 提
供的是一种水平药物，从理论上讲，它可以用于广泛的病症治疗。我
说的"从理论上讲"是因为 Retrotope 注册的是生产治疗性药物，而
不是膳食补充品。因此，受法律约束，这些药物的用途是特定的，而
一旦得到美国食品药物监督管理局（FDA）的批准，就无法为其在标
签外的用途上提供建议。如果 Retrotope 将药物注册为膳食补充品，
这属于灰色地带，它就不会受到那些政府审批程序或规则的约束，消
费者可以自行购买。但将该配方注册为补充剂的不利之处是客户对公
司缺乏关注，而补充剂行业需要的就是客户对公司的关注度。在许多
圈子里，补充剂被认为是灵丹妙药，几乎就是无所不能的万金油。

为了说明这种所谓的水平药物的功效，萨尔以一种消炎药来做类

比："你会因为不同的用途而服用阿司匹林或布洛芬，因为无论是什么特定的疾病，无论它影响身体的哪个部位，许多疾病都有炎症的症状。如果你的身体有炎症，你吃一片消炎药，你吃的药会对整个身体起作用。如果胃有毛病，你不需要吃这种药；但如果胳膊有毛病，你需要吃它；如果脚踝出了毛病，你也要吃它。它作用于全身药，你希望的是吃下去后炎症消退，即使它不一定能治好疾病。"

Retrotope 药物疗法的作用也是一样的，无论身体哪一个部分由自由基导致的机能下降，它都能起到治疗的作用。"对于心脏问题和腿部问题，我们不会有不同的药物版本。"萨尔说。对一些制药公司来说，这让它们既感觉不适，又感觉受到了挑战。"他们质问'明明心脏出了问题，为什么要进行全身治疗'，全世界关注的是具体而特定的治疗方法，但我们没有按其方式去做。"

似乎这还不够，萨尔指出，Retrotope 这类的明日之星公司还必须克服另外一层阻力。"设想你是一家基金会，一直在资助某疾病的研究，在过去的十年里，为了以某种特定方式解决这个问题一直向其提供赠款。然后，有人提出一个不同的方法。一个反应也许会是'哇，恰似一缕新鲜空气，让我们试一下吧'，而另外一个更常见的反应便是'不可以，绝对不可以。这不是我们做事的方式，如果我们采取这种新方法，它会给我们带来打击'。他们投资的是某种特定的世界观。任何挑战世界观的东西都不仅仅是一个糟糕的主意，而且还是一种威胁，这威胁到了他们的事业。如果承认我们有一个可能会实现的办法，就会被看作对他们一直在做的事情的可信度的一种否认。"

因此，当 Retrotope 在大型制药公司中寻找合作伙伴时，它的提议往往会碰壁。"我们的业务开发人员常常会跟它们的业务开发人员会面，我们也常听到：'噢，听起来确实很有趣，把演示文稿给我们，我们会在公司内部传阅。'"萨尔说。但这会石沉大海，一去杳无音讯。为什么会这样呢？因为他们把这个"确实很有趣"的文稿送给了科学家去审核，而这些科学家们都会戴着精密药物的有色眼镜，他们无法忍受明日之星，更不用说对明日之星会有什么向往与展望了。

Retrotope 还需要克服这样一种观念，即公司"跳出思维局限"的解决方案太好了，以至于不可能是真的。据萨尔说，这种观念早已让公司染上了可怕的"万金油的气味"，那么这种"气味"的来源是什么？源于几件事情，首先是来自 Retrotope 的不同寻常的故事。一般来说，当制药公司开展研究时，通常会在它们自己的实验室里进行，或者花钱让外面的实验室来做。但不管是哪种方法，它们对实验的结果都拥有所有权。Retrotope 作为一家由天使基金资助的小公司，其研究策略却与众不同。它不是自己花钱来做研究，而是先生产少量的化学合成物质，这些化合物正是它们想去研究的物质。Retrotope 联合创始人、美国首席科学官米克海尔·什切佩诺夫博士，被萨尔称为"有思想的家伙"，是将这种化合物提供给世界各地的大学和实验室的研究人员。（萨尔还称什切佩诺夫博士为现代版的"苹果佬约翰"。）药物试用者可以免费使用这种化合物，他们选择的实验领域非常广泛，比如帕金森病、阿尔茨海默氏病、弗里德赖希共济失调、糖尿病视网膜病变等。这就使得每个研究项目都成了一种共同协作的努力。此外，Retrotope 仅仅为这些实验象征性地提供了少量资金，就获得了巨大的财务杠杆。其余的实验资金来自个体研究者的资助，而这些个体研究者则从国家卫生研究院、国家科学基金会、帕金森研究所和其他组织获取资助。

然而，这种方法产生的一个负面作用是，它会使得最终的研究结果"五花八门"。萨尔说："虽然研究质量很高，但研究的设计方式并不是制药公司研究化合物常用的方法，而且没有进行更深入的研究。"比如，Retrotope 不会用十项实验集中研究某一种疾病，而是用一项实验来针对研究十种疾病。"当我们把研究结果收集起来提交给风投公司时，它们的反应是'等一等，这种化合物是作用于这种、那种还是哪种疾病的'。"答案全部都是肯定的，但这样的结果意味着，Retrotope 实际上无法证明任何事情，因为研究者只有将不同疾病的数据组合起来才能证明结果可信。然而，他们的流程完全不同于传统的药物开发流程。这就使得讲述故事变得问题重重（这是传教士型公司一个共同的问题，因为非传统的故事叙述是这一进程中的一种常态）。

更复杂的是，这项研究数据还被夸大了，以至于好得让人无法信以为真。萨尔本人有过物理学的背景，当他第一次看到这些数据时，他也不相信这些数据的真实性。他说："我习惯于实验数据，当你看到比如 30% 的效果时，你的反应是'哇！30%——太棒了'。因为30% 确实很棒。"但 Retrotope 看到的是 100% 的疗效，这岂止是很棒，简直是太了不起了。事实证明，如果有这样的事情，那么真的是太了不起了。"因为看上去好像有人在伪造数据，因为这些数据超越了正常的范畴。"

这是一个令人羡慕的问题（任何公司都会为此而高兴），但这确实是一个问题。Retrotope 知道，除了要找到一种方法来重新构建创新型药物的研究问题，以便打破科学规范的束缚之外，它还需要摆脱自身的那种"万金油气味"。

"啊哈"要义

与本书早些时候提到的一些公司不同，尤其是与我们前面提及的那两家（最初）不愿意成为母亲型的公司（Tile 和 BuildingConnected）不同，准确地给出 Retrotope 的 DNA 定位从来都不是问题。每一个接触过该公司的人都非常清楚，这就是一家明日之星式的传教士型公司。Retrotope 作为一家开发药物平台的公司（感谢该公司在退化性疾病中保持和恢复线粒体和细胞健康方面做出的贡献），可以改变和提高上百万人的生活。公司的问题是如何向外界传达这些信息，如何克服外界对公司的抵制。也就是说，如何从本质上重塑该公司对其疾病治疗的叙述，使其对投资者、临床试验参与者和媒体更具吸引力。

为了达到这个目的，我们首先创建了一个富有远见的定位说明。这个定位说明侧重于理论而非药物——**Retrotope 在衰老和退化方面引领了一种革命性的、全新的整合理论，这一理论将导致产生全新的治疗方法。** 下面是定位说明中的相关内容，这一内容现在已经以某种形式出现在公司的主页上：

医药初创公司 Retrotope 正在改变我们对衰老这一问题的认知，如此一来，人们就不必忍受由许多退化性疾病所导致的痛苦。公司在衰老和退化方面引领了一种革命性的、全新的整合理论，这一理论将导致产生全新的治疗方法。这一理论基于以下三大突破性发现：

1. 原来认为的许多完全不同的退化性疾病实际上都有一个共同的缺陷。

2. 这种缺陷是一种化学键，它让膜脂肪易受氧化损伤，从而丧失功能。

3. 通过强化这种化学键，我们能够防止细胞损伤。

Retrotope 的新药由获得专利的、有强化作用的营养素组成。这些营养素可以治疗退化性疾病，而且随着衰老的到来，这些营养素还可以改善我们的生活。该公司第一种药物的人体试验表明，它在治疗弗里德赖希共济失调（一种罕见的、神经退化并可致命的遗传疾病）方面很有前途，而且临床前的数据表明，该药物也可用于其他一些重大疾病，像阿尔茨海默病、帕金森症和糖尿病视网膜病变等的治疗。

从大量的统计数据和行业术语中厘清那些公众可以可访问到的数据和信息虽然至关重要，但只是第一步。我们认为，Retrotope 也需要一个故事，这个故事要围绕一个广泛的专家群体展开，因为这些专家可以为公司的开创性理论和解决方案带来可信度，并转移公众的注意力，让公司不再孤立无援。记住，正如我们在第 4 章中所说，无论明日之星的变革性有多大，都可以不用再生成一个新品类。

为此，它需要专家支持脂质过氧化确实是导致许多不同疾病的核心所在这一观点。尽管该公司的药物治疗方法属于那种非常规性质的，但各种各样的疾病存在共性这一观点并不应该归功于 Retrotope，它只是似乎拥有这一观点，或者一直独自捍卫这一观点。相反，它需要宣传这样的信息，即还有其他聪明可信的人会从不同的视角去看待医疗问题，他们也知道解决问题的方法不止一种，还有许多其他的方法。"我们知道 Retrotope 不可能是唯一一家说过这些事情的公司，"萨尔说，"这一切都追溯到观念视角的多样化，如果你只是想用一种方法来解决问题，那么你就失去了视角的多样化——尽管医学委员会总是用单一的方法来解决问题。"

最近针对阿尔茨海默病的研究就为我们提供了一个多样化视角的范例，萨尔强调了分离神经保护剂保护神经细胞免受淀粉样物质毒性侵害的治疗方案的前景，这被认为是导致许多疾病的神经退化机制中的一个关键因素。他说："每个人都在关注阿尔茨海默病中一种叫作 β - 淀粉样蛋白的特殊的人工制品在大脑中的积累，在 β - 淀粉样蛋白这一问题上花费了数十亿甚至数都数不清的钱，但都没有取得任何成就。现在研究人员发现，只要你保护神经元，大脑中就会产生 β - 淀粉样蛋白。"

结果

Retrotope 在网站上使用了新的叙述方式，对其投资商和媒体也一直在用新的叙述方式进行介绍。它还成功地组织了一次圆桌会议，这次会议有 30 名科学家参加，他们都是不同学科的代表。这些科学家既有来自大学的，也有来自制药公司的，他们讨论的议题是关于一个新的整合的机体衰老的理论。会议的目的是创造一种契机，让人们用一种全新的方法来对待医疗问题。这样一来，像 Retrotope 这样具有创新性的公司在获得资金或与基金会、研究实验室、大学和其他公司合作时，人们就不会对此感到陌生了。

这正是 Retrotope 想要实现的目标。2015 年 11 月，该公司再次确认了它与弗德赖希共济失调研究联盟的合作关系，并宣布与佛罗里达大学合作开设一个临床试验基地，以评估弗里德赖希共济失调患者口服 RT001 的安全性、耐受性、药物代谢动力、病症的状态和探索的端点等相关事项。

Retrotope 将其更广泛的医疗手段作为进军制药业的战略，该战略使其能够继续关注这些罕见疾病的药物开发。Retrotope 指出，弗德赖希共济失调就是一个具体案例，通过这一具体案例，公司希望能够利用其技术减少与这种疾病相关的症状，以此来表明自己有治疗其他神经疾病的潜力。通过使用新旧两种方式开展科学研究，Retrotope 提供了一个活生生的案例，该公司正在一步步接近自己的理想，让其药物被同行接受，成为像阿司匹林那样的药物，可以用来治疗各种疾病。该公司希望自己生产的药物可以用来治疗多种疾病和延缓衰老的症状。

萨尔说："我们不希望这只是一个与 Retrotope 相关的故事，这应该是一场运动，一场以一种全新的方式看待科学的运动。当你试图创造一场运动时，把人们聚集在一个屋子里进行研讨将会产生极为不同的结果。其基本的想法是在会议研讨的背景下，将各种可信的观点展示出来，以表明以不同的方式看待医疗问题的想法背后所具有的强大动力和契机。我们希望组成一个小组，不仅要动手从我们手中夺过球来快步前行，而且要揭示这一事实：这些研究人员拥有一个共同的愿景——大家需要投入这样一种与众不同的看待世界的方式之中。"

萨尔意识到这不可能一蹴而就，但他眼中的未来是一个崭新的医学世界。在这个世界里，病人可以依靠多种疗法来治疗疾病，研究人员、投资者和其他人不再坚持只有一种方法可以解决问题的想法。简而言之，在这样的一个世界里，Retrotope 将不再是明日之星。

第14章

OpenGov：魅力在行动

DNA 类型：传教士型

基因类型：个人崇拜式

挑战：在一个并不总是会拥抱新技术的市场中，如何为政府带来更好的技术愿景。

一见到 OpenGov（一家政府绩效管理技术领域的领军公司）的首席执行官扎卡里·布克曼，我几乎马上就知道该公司是那种个人崇拜式传教士型公司。但直到我们在位于加利福尼亚州雷德伍德城的公司总部会面时，我的一个同事才一语中的，得出了这一结论。当时，我们与该公司营销总监迈克尔·闪克尔的会谈正在进行中（按照预定计划，扎克[○]会在忙完之后马上参加此次会谈），这时，闪克尔向会议室开着的门口扫了一眼，宣布说："是的，扎克已经到这栋楼里来了。"

房间里的每个人在这之前都至少与扎克见过几面了，但这并不能阻止我们将手头的工作抛在一边，向着会议室开着的门口看去。那些

○ 扎卡里的昵称。——译者注

背对门口的人也都转动椅子，以便能够看到扎克。几分钟之后，扎克一阵风似地走进房间，连声问候，连连抱歉说刚才因为有一场会议延时，结果让自己迟到了。他的到来，让房间里的气氛立刻从午饭后的那种放松时刻转入了能量满满的"扎克冲锋"时刻。

简而言之，这就是那种个人崇拜式传教士型公司的表现。

然而，从经典的个人崇拜风格来看，扎克成为传教士型领导的历程并不是一个常规的或者说是经典的过程。在2012年联合创立OpenGov之前，他是美国陆军中将 H. R. 麦克马斯特的反腐顾问。麦克马斯特将军后来在特朗普政府出任了国家安全顾问一职。当时，麦克马斯特将军在国际安全援助部队总部的政府透明度任务中担任领导工作。国际安全援助部队是一支由北大西洋公约组织领导的位于阿富汗喀布尔的安全部队。扎克参与其中，负责对法律及治理方面的规则提供顾问服务。作为一名耶鲁法学院的研究生，扎克在旧金山一家知名法律事务所从事过审判诉讼工作，而在这之前，扎克还在美国联邦第九巡回上诉法院做过法律助理工作。扎克从哈佛大学肯尼迪学院获得了行政管理硕士学位，在信息自由法案通过后，他还作为富布赖特访问学者到墨西哥研究过腐败问题。

扎克对政府及其运作方式抱有极大的热情，他在圣昆廷州立监狱讲授过一门美国治理的课程。这种热情可以追溯到他的孩童时代。扎克的父亲热衷于改善社群生活质量，曾在华盛顿特区的国家科学院工作，向联邦政府和国会提供顾问建议。随后，在扎克上大学时，他接受了西雅图运输部的工作。所有这些都为其子扎克提供了一个近距离观察政府机构运作的机会，让扎克在早年间就可以从好坏两个方面接触到政府机构的运作。

尽管扎克的背景与那些常见的浸染于技术之中的首席执行官会有很大的不同，但他依旧表现出那些根植于技术背景的首席执行官（尤其是那些个人崇拜式领袖）心底的那种受使命驱动的企业家精神。尽管很多孩子会通过照看小孩、遛狗和送报纸来赚钱，但扎克和比他大三岁的哥哥提拉斯还是将企业家精神提升到了一个全新的水平。"我八岁的时候就开始与哥哥提拉斯修剪草坪，随后，在哥哥上大学之后，我就接管了这一业务。"扎克如此说道。所有人都说，在扎克离家上学的时候，就已经赚了大约 5 万美元。他的下一个创业尝试是创立一家由"友人、家人和蠢人"构成的小型投资基金，当时，他是马里兰大学帕克分校的在校生。与很多其他基金一样，他创立的基金在 2001 年互联网泡沫中也遭受了损失。这一过程让他从经理这个角色中吸取到了一些经验教训。

扎克在墨西哥进行反腐研究和他稍后将各种经验应用于阿富汗八个月的工作中的时候，获得了更多的经验——其中就包括对政府部门尤其是地方政府部门那些有效或无效的事务意义认知的清晰洞察。从坎大哈省北部沙瓦利科特地区之行返回后，他在 2012 年为《纽约时报》所写的一篇专栏文章指出，尽管在北大西洋公约组织总部及邻近驻地，"法治努力的重点是提供通常意义上的正义支持"是一个事实，但最终"这种国际法治的努力似乎与阿富汗农村地区的需求和现状是割裂的"。

扎克留着蜷曲的长发，头发都快要垂到肩膀了。他还留着精心修饰的络腮胡，当他从军事基地里那片围绕着部队的 25 英尺长的墙体的安全区域走出来的时候，这种面貌能够让他可以随时融入周围的环境。即便是在搜寻塔利班绑架者的偶尔的几次旅途中，即便是在乡村旅行时，他也从来不会离那支隐蔽的 M9 手枪太远。这是他在来阿富汗之前，在南卡罗来纳州黑水公司训练基地（现在被称为 Academi 的私人军事顾问公司）时需要学会使用的武器之一。

扎克最近不用像以前那样紧张了，他身上流露着冲浪者的那种愉悦和随和。他是在研究生读书期间的一年夏天开始从事这一运动的。当时，他和一个朋友开着一辆老式切诺基吉普车，从洛杉矶到了哥斯达黎加，沿着太平洋海岸，一路野营，一路冲浪。这种冒险精神还让他完成了从英国到非洲的搭车旅行。当时，他是牛津大学的一名访问学生。这种冒险精神也驱使他登上了坦桑尼亚的乞力马扎罗山（16 000英尺）、乌干达的玛格丽塔峰（16 762英尺）和阿拉斯加的德纳里山（20 310英尺）。高中时期，他四次获得华盛顿特区摔跤冠军。他还参加过海军陆战队马拉松比赛，完成了50英里超级马拉松。即便是在工作之中，置身于创业这样一种不同类型的冒险活动中，他也总是闲不下来，一直以永不停止的行动著称——在一次会议中，当他的创意滚滚而来而记录者跟不上他的速度时，他就直接跳起来，抢过对方的笔记本电脑，在键盘上打起字来。从他这种行为方式来看，很显然，扎克要是在桌子后面待的时间过长会不高兴的。这也是他会边在公司停车场滑着滑板边打电话谈业务的原因所在了。

　　早先在阿富汗的时候，扎克白天在配置有寥寥几件家具的铁皮棚子里工作，晚上则与另外两名美国士兵住在一间发着霉味的集装箱里。在那里，他自己占了一张双层床。当时，他正与OpenGov未来的同事和顾问合作，其中就包括共同创始人乔·朗斯代尔，而他现在就是公司的董事长。（朗斯代尔也是Addepar的联合创始人。这是一家从事数据挖掘的公司，也是本书第11章探讨的那个产品价值式工程师型公司。）事情接踵而至，在团队和硅谷一个知名城市的政府管理人员谈话后，公司最终获准对加利福尼亚市场的预算数据进行分析，以形成历年预算模式的分析和趋势判断，随后公司即可向其他网络用户分享这些相关信息。

　　政府官员对此热情高涨，但项目惨遭碰壁。因为很明显，政府端没人知道怎样才能获得干净的预算数据，这些数据被掩埋在一套用了数十年的ERP系统之中。这些信息最初通过20个硬盘进行传递，结果市政府需要在ERP系统中投入1000万美元的资金，而一想到手工检索这些信息可能花费的时间和金钱，就感觉到这些信息像被存储到了月球上一样，显得高不可攀。

"我们认识到那些运营城市的人（睿智而好心的人）不能接触到这些数据，无法看到资金通过这些极为复杂的机构最终流向了哪里。"扎克说。此时，他已经回到加利福尼亚，创办了这家公司，但无法接触到更多的数据。"受系统设立方式的影响，这些信息无法被分享到选举产生的官员手中，但他们需要这些信息进行城市治理工作。政府部门的人员担负着消防、治安、输水、输电的工作，却无法获得这些数据以做出更好的决策。"

显然，并非只有一个城市面临这样的处境。此类问题对各种规模、各个层级的政府来说，可以说是司空见惯的。美国数以万计的政府部门（更不用说世界上其他地方了）产生的数据，绝大部分被埋没在老式的、难以接触的贮仓中，最终让人无法接触。政府部门的人员看不到这些数据，公众也无法看到。结果，就如扎克所说，"公民正在失去信任，开始变得漠不关心"。

尽管政府中的很多问题涉及政治、官僚习气和制度激励等诸多方面，但扎克的团队意识到他们所面对的只不过是一个技术问题而已，尽管这是一个真正艰巨的技术问题。扎克说："我们想我们能够解决这一问题。"甚至他们也意识到，"必须解决它"。

这种使命驱动的声明"必须解决它"就是一种典型的传教士型公司标志。毕竟，母亲型公司希望代表不堪重负的客户解决问题；工程师型公司则聚焦于其所拥有的技术能力，通过提供所需要的产品来解决问题；而只有传教士型公司才拥有这样一个驱动前行的使命：将更好的数据分析提供给政府，以提供更好的服务。

由此诞生了一系列解决方案的设想。这些设想涵盖了政府管理的整个生命周期，包括政府如何规划，如何运作，如何进行内部沟通，如何与被选举机构和公民进行沟通，等等。OpenGov 平台打开了一个窗口，借此可以了解政府支出和绩效表现方面数不胜数的细节信息——相关的内容涉及一切信息，比如，芝加哥和波士顿相比，在为期十年的期限内，市政委员获得了多少报酬；地方警察部门每年在警犬队上花了多少钱；六年前为这些警犬重建养犬中心花了多少钱等，不一而足，应有尽有。这一系统构建在数以万计的、前期所使用的 ERP 资料及后台系统之上。毕竟，每个城市、县区、学区、特区及国家机关都在使用这些既有系统，这就使得那些原来难以检索的数据提取变得简单了。数据一旦被从这些系统中提取出来，放到了云端，OpenGov 就可以提供各类应用，助力预算规划的建立和管理报告的撰写，并且可以让数据的检索、分类和分析精细到每一分钱——所有这些服务都有助于提升政府的效率、效益和透明度。简单地说，由于所有数据都以用户友好的方式组织起来，并可以实时访问，一切就变得更容易了。

"我们的使命是助力客户成功。"OpenGov 营销总监闪克尔说。公司在过去几年获得了 7700 万美元融资，得到了安德森 – 霍洛威茨（Andreessen Horowitz）风投公司（马克·安德森也是董事会成员之一）、艾默生集团、8VC 公司和兴盛资本的支持。"我们为这些公司提供了开展业务的更好的方法。"

很多人开始反思政府的工作状况，他说："人们思考联邦政府的工作状况，思考政府的官僚作风，思考两极分化问题。他们会认为你从来都不会做成任何一件事。但这些与我们 OpenGov 所谈论的和所做的毫不相干。当涉及地方政府这一层面时，事情其实很简单。我们希望获得更好的公众安全吗？我们需要安全的街区吗？我们希望把路面修平吗？我们希望让孩子进入好的学校学习吗？我们需要安全的饮用水吗？"

"多数情形下，答案是肯定的。"他说，"但我们怎样才能做到这些呢？要做到这些，我们需要做出什么样的权衡取舍呢？这就是我们能够让人们更高效地想到的东西。当涉及地方政府管理时，对这些问题并不会形成直截了当的答案。就金钱和创意来说，你永远都会有更多的创意来改善社群管理。但地方政府是民主的实验室，因此我们正帮助人们基于更多的信息和更多的数据来做决策，而不是基于直觉或是基于一份花了三周时间拿出来的、充满错误的报告来做决策。"

然而，闪克尔补充说，公司并不打算改变政府面貌。"我们所做的是提供技术，让政府工作人员能够更加轻松地做更好的自己。他们每天面对的行政管理问题怎么办？即便没有我们的技术，他们也已经在应对这些问题了。只不过他们采用的是一种更为痛苦的过程——一种更为缓慢、更偏向于手工操作的过程。应用 OpenGov 软件会让他们节省更多的时间，会让他们将更多时间投入战略规划和问题解决上来，而这反过来会为他们所服务的社群带来更好的结果。"

OpenGov 将客户群体拓展到了数以千计的政府部门中。到了 2017 年 6 月，OpenGov 平台已经被 48 个州的 1500 个管理部门接受了，公司也已进入了国际拓展的时机。公司的目标是将平台网络化，让用户可以彼此借鉴学习，分享创意、问题和解决方案。平台还能够让管理人员在进行预算规划、绩效指标设立时，可以在管理报告中与那些相似规模的机构进行对比。网络化不仅提升了 OpenGov 的采用率、客户黏性和价值，还构建完成了世界上最大的公众管理领域的财政和绩效数据资料库。

尽管如此，在涉及问题的解决时，OpenGov 的客户还需要担起重任。"我们只是向他们提供做事所需要的工具和设施。"闪克尔说，"这就是我们为什么说，我们所做的是激励形成一个更高效、更可靠的政府，而不是重新创建一个更高效、更可靠的政府。"

同样，OpenGov 要做的只不过是让那些致力于提升更好的政府管理的部门获得技术授权，除此之外，公司避免提供任何建议。在今天这样一个政治极度分化的时代，公司小心翼翼，远离政治，从全国层面而言尤其需要如此。尽管那些为 OpenGov 工作的很多员工对政府抱有热情，并且在两派观点上持有强烈的政治观点，但公司的使命是100%非关政治的。"地方政府无关政治。"闪克尔说，"地方政府关注的是公共管理。在地方政府层面，民主党和共和党的角逐并非举足轻重。"

不管他们参与政治的程度如何，各级政府管理人员都倡导更高效、更可靠的政府管理，都已经找到了OpenGov这一平台。然而其他还没有加入平台的人员，要么是还没有认识到平台的潜力，要么是还深深地陷入现状而难以自拔，以至于害怕改变。那么，怎样才能为一个通常来说是静态的、并不总对新技术持有开放心态的市场带来更好的官僚机构运作的愿景呢？

"啊哈"要义

在定位活动之前，还没有人能对公司给出一个确切的标签。这时，扎克就已经在公司中承担个人崇拜式领袖的角色了。尽管他是在潜意识的影响下做出这些行为的，但他已经将个人崇拜作为一种激励和驱动员工的工具了。员工受到了他本人及其公司的吸引，分享到了他助力政府更好运作的激情。"公司的每个人都知道，公司有一个极为重要的、使命驱动的要素。"闪克尔说，"绝大多数的员工，包括我自己，选择在OpenGov工作，原因就是我们相信这一使命。"

闪克尔在2016年年末进入OpenGov之前，并没有打算离开原来的公司。实际上，在原来的岗位上，他工作快乐而顺利。然而，当猎头找到他并介绍这一岗位时，他对OpenGov了解得越多，就越希望对这家由转换政府工作方式这一使命驱动的公司再多一些了解，毕竟公司在实现这一使命的过程中会形成一种超越自身的更大的影响力。与扎克的会面促成了这一交易。"显然，他所描述的东西远不止产品本身那么简单。"闪克尔说，"很明显，他就是这一使命和信息的旗手和领导，巨大的机遇促使他出来实现这一使命。作为一名营销人员，这是让我接受这一岗位的主要原因。"

现在的任务是找到一种路径，将个人崇拜这一工具应用到外部市场中，以构建公司品牌，并且在一个更为广阔的范围内形成一种变革运动（也就是让政府更开放、更高效、更可靠的运动）。当然，开始时可以通过宣传高管团队尤其是首席执行官加以实现，可以将扎克的个人崇拜用作定位工具，通过展示借助于 OpenGov 平台可以实现更好的政府管理这一信息的方式来进行宣传。

实际上，要做到这点，结果证明相当容易。尽管在定位活动之前与高管人员的一次非正式研讨表明，OpenGov 倾向于将自己定位为以客户为中心的公司——公司一直引以为豪的是具备提供优质产品的能力，可以借助平台的方式来简化数据存取。也正是基于这一事实，公司一直以一家价值式工程师型公司的形象进行营销——但接下来的 DNA 测试及基因类型测试很快就向管理团队表明，公司实际是一种传教士型公司，其主要目标是在更好的政府管理方面实现变革。（在随后进行的荣格品牌原型测试中，管理团队选择魔术师这一原型也就不足为奇了。）

由于人们对个人崇拜这一术语持有一些成见，因此，说服扎克接受并遵循个人崇拜这一类型稍稍花了一些时间。实际上，当我与他接触，想把 OpenGov 作为一个案例进行研究时，他关心的核心问题是：一是他不应被描绘成"一个自恋狂和反社会者"——他当然不属于这两种类型；二是对管理团队的成就而言，既不能低估也不能高估。然后，他逐步认识到，个人崇拜式领袖可以在行动中展现最好的自我，个人崇拜式的公司领导可以通过从客户中成就英雄、像盟主一样为组织服务的方式得以实现。他逐步懂得了以他为中心激发更好的政府管理的意义——借助个人崇拜，可以通过随时随地获取每一个所需的数据这一方式，实现运作更流畅、更透明、更公开的政府管理这一愿景。

所有这些，都被纳入了我们为公司创作的定位说明和电梯间故事之中。

- **定位说明：** OpenGov 是政府绩效管理技术的领导者。该技术包括：易于使用的、可以进行更好的预算管理的云软件；改进的报告和运营智能；全面透明和公开的数据支持。

- **电梯间故事：** OpenGov 是政府绩效管理技术的领导者。该技术包括：易于使用的、可以进行更好的预算管理的云软件；改进的报告和运营智能；全面透明和公开的数据支持。OpenGov 的解决方案为政府提供了正确的工具和重要数据，以便政府基于更充分的信息进行决策制定，进而为公众实现更好的结果。

结果

OpenGov 下一步的计划是将公司愿景进行全面公开。基于这一考虑，我们形成了如下观点：公司应该推广扎克领导的运动。可以借鉴 Salesforce 的经验，围绕公司平台构建一个生态系统，就像马克·贝尼奥夫在公司年度 Dreamforce 大会中所做的那样。OpenGov 准备举办一次大会。此次会议还处在早期策划阶段，会议模式将会像 TED 大会那样：把世界各地的政府客户、软件开发人员和顾问聚集在一起；会议将聚焦专题演讲人员（包括扎克本人，他将有机会阐释其关于更佳、更公开、更高效、更可靠的政府的愿景）、政府官员和社群代表等群体；会议将为用户提供小组研讨、分会讨论、新产品学习、培训课程学习和证书取得等方面的机会。

此外，本次会议还有望促成 OpenGov 网络的一次现场聚会。OpenGov 网络是公司正在建设的一个在线社群，用户可以在这一社群中探讨问题，提供建议（在线或电话均可），访问那些能够让他们与相似规模的城市、州、地区及县进行对比的技术。尽管 OpenGov 正在开发的网络技术的魅力在于全国及全球的政府管理人员不需要进行个人沟通甚至不需要实时在线，就可以在线分享政府治理的最佳实践，但当涉及最棘手问题的创新解决方案时，什么也替代不了面对面互动的力量。

扎克将能够利用个人崇拜将那些掌管政府规划和预算的人员聚集到 OpenGov 应许之地的愿景上来。另外，我们也让他坚信，所有这些都有助于公司愿景的实现。扎克尽管在开始时还有些怀疑，但他已经决定接受个人崇拜式传教士型领导的这一创意并以这样的角色采取行动了。

在提到我们让他达到这一境界所用的方法时，他指出，定位活动比单纯的品牌建设提供的东西要多得多。他说："作为一种思想层面的活动，它不是那种营销传播的定位。它所涉及的是我们怎样创立公司，怎样搅动一个行业，以及怎样创出市场领导地位和主导权等事宜。我们现在知道，我们希望创作一条能够具有病毒传播性质的信息。我们知道，我们希望建立一个能够让我们从竞争中被区分出来的品类。我们还知道，我们希望创造出一道指引前行的光——北极星，这将让整个公司团结在一套共享的信息、定位和原则之下，让我们能够步伐一致地努力工作，以更快速、更高效的步伐向前迈进。"

再没有什么能够像个人崇拜式的传教士型领导那样，让这梦想成真了。

结　语

　　清晰而简洁地界定公司以及理解公司在市场上为什么重要，不再是不可言说的秘密。现在，你已经知道，你能够发现你所在的公司定位的 DNA，并且可以用它来对业务领域最为艰巨的问题做出回答了："你是谁"和"你为什么如此重要"。一旦从内心深处真正认识到你所在的公司究竟是母亲型、工程师型还是传教士型公司，你就有能力到达"啊哈"境界，有能力设计一份完美的定位说明，将自己从竞争之中区分出来，并迫使客户致电公司。你还能够利用这些内在的属性，实现公司的协调匹配，让公司所有的独木舟按照同一个方向前行。

　　为什么？因为公司与人一样，公司也有反映其行为的 DNA。就像你能够从内心深处知道自己是一个什么样的人这一事实会让你成为一个更好的自己一样，那些理解公司定位的领导可以基于自身利益，对此加以利用，进而在营销中取得更佳表现，卖出更多产品。

　　毕竟，营销是一种通过影响观点、改变行动来让公司销售更多产品的必要技能。但如果未能将定位加以界定，就什么都不会发生。一旦开始行动，进入了"啊哈"的境界，你就将出色营销的核心放在了自己掌心之中。

　　此时，你需要做的是，构建一个深思熟虑的信息架构，从理性和感性两个方面赢得客户的好感，围绕这一定位创作一个能够激发客户兴趣的公司叙事，并在其中讲出公司故事。然后，把公司故事作为病毒传染到公司所能接触的每一个传播渠道之中。这样一来，你就能够把公司独特的定位传染到市场之中。构建公司的数字足迹，对信息传播的一致性和周期性予以持续不断的关注。不久，你就会发现公司已经从信息架构阶段进入市场共鸣阶段——所有这些都始于一份以DNA 为核心的定位说明。这就是公司由小变大、由大变强的秘密所在。马上行动吧！到达"啊哈"境界。

致　　谢

　　本书花了我 30 年的时间才得以完成。我希望完成写作，但工作和生活总是占了上风。后来，我遇到了 Joe DiNucci。他是一名才华横溢的商业教练，也是一家专门帮助作者写作的小型咨询公司（启迪思想领导力公司）的合伙人。他确实做到了这一点。谢谢你，Joe。也谢谢你，Lauren Cuthbert，在整个写作过程中陪伴在我身边，为我录音，为我代笔，为我编辑。还要感谢 Ron Ricci、John Volkmann 和 Jeremy Hartman，他们在 20 世纪八九十年代，在坎宁安咨询公司为我工作，他们提供的一些基础观点在这几年里得到了成长，得以开花结果。同时，也感谢坎宁安咨询公司过去和现在的团队，他们每天都在改进这一流程。具体地说，感谢 Becky Bausman，他把我的理念整合成了一个具有内在逻辑的框架；感谢 Leon Hunt，他认识到写作本书对我及公司的重要性，扫除了前进路途中的障碍；感谢 Victoria Graham，他为品牌框架模型增添了太多内容；感谢 Lee Bellon，他为本书提供了帮助；感谢 Henry Hwong，他充分施展了自己的领导才能，让我完成本书。感谢我的导师 Regis McKenna，他是定位天才。感谢艾·里斯和杰克·特劳特，他们于 1969 年研发了定位这一实践，并使这一实践真实可信。感谢我的一些客户朋友，多年来，我正是在他们投资的基础上，实践并提升了我的定位技艺。感谢乔布斯，他让我突破自身局限，并让我帮助他改变了这个世界。特别感谢那些允许我在本书中讲述他们的故事的以下客户：Dustin DeVan 和 Zac Hays、Mike

Farley、Eric Poirier、Rick Bergman 和 Ann Minooka、Harry Saal、Zac Bookman 和 Mike Schanker。感谢那些在本书中留下印迹的所有朋友和过往的客户：Christopher Michel、Guy Kawasaki、Walter Isaacson、Steve Blank、Reed Hastings、Geoffrey Moore、Bill Davidow、David Kelley、Esther Dyson、Andy Kessler、Stewart Alsop、Rich Moran、Katie Hafner、Steve Swasey、Kelly Close 和 Marty Beard。当然，还要感谢神奇的理查德。最后，感谢我的丈夫 Rand Siegfried，感谢我的孩子 McKinley 和 Cormac Siegfried。大家总是陪伴我，不离不弃。我是如此爱你们！

作者简介

　　作为一名处于明日之星产品的营销、品牌、定位及沟通等前沿领域中的企业家，安迪·坎宁安在许多新产品品类的发布，包括电子游戏、个人电脑、桌面出版系统、数码影像、RISC 微处理器、软件即服务、超轻飞机及清洁技术投资等领域，均发挥了关键作用。她在开发和实施营销、品牌及传播战略方面，是一名能够加速企业发展、增加股东价值、提升企业声誉的专家。

　　安迪于 1983 年来到硅谷，为雷吉斯·麦肯纳工作并帮助史蒂夫·乔布斯推出最初的麦金塔电脑。当乔布斯离开苹果公司并建立 NeXT 公司以及收购皮克斯的时候，他选择了安迪的公关机构（坎宁安咨询公司）代表他开展工作。她在以后的几年中继续为乔布斯工作，并从此开始为那些改变游戏规则的技术与公司开发营销、品牌及传播策略。

　　安迪是坎宁安咨询公司的创始人和总裁。这是一家致力于将创新带入市场的营销、品牌战略和传播企业。该公司与多个市场领域的企业合作，包括通信、搜索、能源效率、媒体与印刷、移动应用软件、显示技术、医疗健康、大数据、半导体等多个领域。她还是知名播客冰面营销（Marketing Over Ice，www.moi.fm）的主持。

　　安迪毕业于美国西北大学，和丈夫兰德·齐格弗里德住在加利福尼亚州索萨利托一艘于 1932 年建造的小木船上。

网站： www.cunninghamcollective.com/and www.get2aha.com

领英： www.linkedin.com/in/andreacunningham

定位经典丛书

序号	ISBN	书名	作者	定价
1	978-7-111-57797-3	定位（经典重译版）	（美）艾·里斯、杰克·特劳特	59.00
2	978-7-111-57823-9	商战（经典重译版）	（美）艾·里斯、杰克·特劳特	49.00
3	978-7-111-32672-4	简单的力量	（美）杰克·特劳特、史蒂夫·里夫金	38.00
4	978-7-111-32734-9	什么是战略	（美）杰克·特劳特	38.00
5	978-7-111-57995-3	显而易见（经典重译版）	（美）杰克·特劳特	49.00
6	978-7-111-57825-3	重新定位（经典重译版）	（美）杰克·特劳特、史蒂夫·里夫金	49.00
7	978-7-111-34814-6	与众不同（珍藏版）	（美）杰克·特劳特、史蒂夫·里夫金	42.00
8	978-7-111-57824-6	特劳特营销十要	（美）杰克·特劳特	39.00
9	978-7-111-35368-3	大品牌大问题	（美）杰克·特劳特	42.00
10	978-7-111-35558-8	人生定位	（美）艾·里斯、杰克·特劳特	42.00
11	978-7-111-57822-2	营销革命（经典重译版）	（美）艾·里斯、杰克·特劳特	59.00
12	978-7-111-35676-9	2小时品牌素养（第3版）	邓德隆	40.00
13	978-7-111-40455-2	视觉锤	（美）劳拉·里斯	49.00
14	978-7-111-43424-5	品牌22律	（美）艾·里斯、劳拉·里斯	35.00
15	978-7-111-43434-4	董事会里的战争	（美）艾·里斯、劳拉·里斯	35.00
16	978-7-111-43474-0	22条商规	（美）艾·里斯、杰克·特劳特	35.00
17	978-7-111-44657-6	聚焦	（美）艾·里斯	45.00
18	978-7-111-44364-3	品牌的起源	（美）艾·里斯、劳拉·里斯	40.00
19	978-7-111-44189-2	互联网商规11条	（美）艾·里斯、劳拉·里斯	35.00
20	978-7-111-43706-2	广告的没落 公关的崛起	（美）艾·里斯、劳拉·里斯	35.00
21	978-7-111-56830-8	品类战略（十周年实践版）	张云、王刚	45.00

显而易见的商业智慧

书号	书名	定价
978-7-111-57979-3	我怎么没想到?显而易见的商业智慧	35.00
978-7-111-57638-9	成效管理：重构商业的底层逻辑	49.00
978-7-111-57064-6	超越战略：商业模式视角下的竞争优势构建	99.00
978-7-111-57851-2	设计思维改变世界	55.00
978-7-111-56779-0	与时间赛跑：速度经济开启新商业时代	50.00
978-7-111-57840-6	工业4.0商业模式创新：重塑德国制造的领先优势	39.00
978-7-111-57739-3	社群思维：用WeQ超越IQ的价值	49.00
978-7-111-49823-0	关键创造的艺术：罗得岛设计学院的创造性实践	99.00
978-7-111-53113-5	商业天才	45.00
978-7-111-58056-0	互联网原生代：网络中成长的一代如何塑造我们的社会与商业	69.00
978-7-111-55265-9	探月：用改变游戏规则的方式创建伟大商业	45.00
978-7-111-57845-1	像开创者一样思考：伟大思想者和创新者的76堂商业课	49.00
978-7-111-55948-1	网络思维：引领网络社会时代的工作与思维方式	49.00